JN077611

最初に言っておきたいことがある。
この本を読んでもね、おそらく、
なんの答えも具体的な方法も、
得られないよ。
なぜかって？
その、「答えがほしい」という発想から
離れなさい、という本だからだよ。

俺は山伏の先達として、これまでたくさんのビジネスパーソンを山伏修行に連れて行った。みんな、修行を終えるとイキイキと輝いて、魂からうれしそうにしているよ。

一方で、仕事の現場ではどうしているかと聞くと、俺からしたら頭でっかちになって、自ら息苦しいほうへ向かっているように見えるね。いつも、「正しい答え」を探している。具体的にどうしたらいいのか、だれかに答えをもらおうとしている。そして、自分で結論を出せない状態になっている。

でもね、そうじゃない人たちもいるんだよ。

修行へくる人たちのなかには、経営のトップたちもいる。その人たちの多くが、直感をもとにして生きている。直感というのは、自分の魂や無意識から出てきたもの。それが、一番的を射ていると俺は思うんだ。

最近は「先の見えない時代だ」
なんて言うけれど、
そんなの当たり前でしょ?

もともとそうなんだよ。
先のことなんて、
だれ一人わからないじゃない。

なのに、進む前からうまくいく、
正しい方法を知りたがったり、
必死に考えて答えを
ひねり出そうとしたりするのは、
おかしなことだよ。

これまでの人生を振り返ってごらん。
思い当たることがあるんじゃない？
「偶然」や「たまたま」のほうが、
的を射ていることが
圧倒的に多いんじゃないかな。

この本は、

「知識をたくさん入れれば答えが見つかるはずだ」

「より良い答えがほしい」

そう思っている人たちに向けて書いている。

そして、この本を読んで、今までの見方を変えるとびらを開けてほしいと願っている。

今までと同じ発想でこの本を読んでいても、たぶんなんの役にも立たないよ。

別の本をあたったほうが身のためだ。

もしもおもしろいと思ってくれたら、そこからはあなたの感覚を育てていこう。一歩、踏み出してみよう。とにかく、やってみてごらん。

大聖坊十三代目　星野文紘（山伏名：尚文）

本書は、山伏歴五〇年、羽黒山伏最高位「既修松聖(きしゅうまつひじり)」である星野文紘先達と、先達のもとで修行の道に入り、出羽三山神社で正式な山伏となってまだ三年、ふだんはキャリアコンサルタントとして多くのビジネスパーソンのキャリアをサポートしている渡辺清乃の対談形式で進みます。

本づくりのはじまりは二〇一七年。淡路島での山伏修行を終えた先達は、渡辺を駅まで送ろうと車に乗せてくれました。一時間ほどの道すがらの雑談で、二人が日々感じていることが共通しているとわかり、まずは各地でトークイベントを開催してさらに語り合ってみました。そうするうちに、書籍の内容となる素材が集まった、という流れです。

多くの人々の修行を導く星野先達と、ビジネスの現場で試行錯誤を重ねた渡辺清乃が、山の思想とビジネスの交差点に立ち、あれこれと感じたままに対話する。その制作プロセスそのものが、感じたものを頼りに進んだ結果だったことを、四年経った今、最初にお伝えします。

野性の力を取り戻せ

羽黒山伏に学ぶ
答えがない「問い」に向き合う智慧

羽黒山伏・大聖坊十三代目
星野文紘
羽黒山伏・キャリアコンサルタント
渡辺清乃

日本能率協会マネジメントセンター

本書の語り手

星野文紘

山形県鶴岡市生まれ。出羽三山羽黒山の宿坊「大聖坊」十三代目。大学卒業後、正式修行を経て山伏名「尚文（しょうぶん）」を拝命する。鶴岡市役所で働きながら山伏としての務めも果たし、60歳で定年してからは山伏行に専念。毎年、大聖坊主催の山伏修行を実施し、国内外から修行者を受け入れて山へ導いている。出羽三山のみならず、全国各地の山、さらには海外でも修行を催行。あわせて全国各地でトークイベントに招かれ、感じるままに話し、感じるままに法螺（ほら）貝を吹き、感じるままに踊っている。

渡辺清乃

愛知県名古屋市生まれ。子どもの頃から運動が大嫌いで、体育の成績は1か2ばかり。大人になって良かったことは「運動会と水泳大会がないこと」。ビジネスパーソンとしては、一貫して「仕事・キャリア・成人の発達と学び」を関心領域として現在まで過ごす。2017年、はじめての山伏修行を体験し、翌年、正式修行に参加し山伏名「眞苑」をいただく。株式会社ホリスティック・キャリア代表取締役。キャリアコンサルタントとして企業研修、一対一のコンサルティング、セミナー開催などを行いつつ毎朝勤行をする、里に暮らす里山伏。

（注）この本で扱う「山伏修行」は、正確に表現すると「星野先達が営む宿坊『大聖坊』が催行するオリジナルの山伏修行」という意味です。「山伏」は先達が暮らす出羽三山だけでなく全国各地にいますし、地域によっても修行スタイルは異なります。また、先達が住まう出羽三山にも多くの山伏がおられ、修行スタイルもさまざまです。そのうえで、文中では簡潔に表現するために「山伏修行」としています。

はじまりの物語

キャリアコンサルタント、山伏になる

二〇一七年の九月、私は山形県にある月山の九合目で、死ぬ思いをしていました。ちょうど、史上初・日本四島に上陸したという台風一八号がきているタイミング。各地で大規模な冠水被害をもたらしたその猛威により、月山も大荒れの天候で、あらゆるものを吹き飛ばす勢いの風と、冷たい雨にみまわれていました。

薄暗い風景のなかをただひたすら歩くあいだ、何度も風にあおられ、足をあげるのさえも危ないほどにふらつき、雨の冷たさに体力はどんどんうばわれ、意識はもうろうとしていました。ぼんやりとした私の頭は「とてもじゃないけど、これ以上登れない。それどころか、下山する体力も残ってない。……倒れそう……この先どうなってしまうのか……」という考えに占められ、強烈な不安が足元からひたひたと襲いかかります。それは、静かに満ちる海のように足から胴体までを浸し、「このままでは、無事に帰れない。もう、家族にも二度と会えない！」「こんな嵐のなか、山に登るなど無謀だった。こんなにフラフラで無事に帰れるはずがない」と、後から後からわいてくる恐怖で大海となり、その水面が首まできた次の瞬間、あっとい

う間に頭のてっぺんまでチャプンと到達しました。

（ああ、ダメだ。怖れに飲み込まれた）

そこで私は、山を下りる決意をするのです。


これが私の、はじめての山伏修行体験です。

場所は、山形県・庄内地方にある出羽三山。出羽三山とは、羽黒山・月山・湯殿山の三山の総称で、飛鳥時代を生きた崇峻天皇の皇子・蜂子皇子が五九三年に開山した、長い歴史をもつ修験道の行場です。


ここで少し、修験道について紹介しましょう。

「修験道」とは、山に入って厳しい行をすることで気づきを得る、日本古来の教えです。「**修験**」とは「修行得験」「実修実験」の略語で、「**身体を使って修める・験をつかむ**」という意味があります。山岳信仰をベースに密教や道教、神道、陰陽道などを包括したもので、もともとは日本全国に広がっていました。現存する行場は山形の出羽三山だけでなく、奈良の大峯山、和歌山の熊野三山、福岡の英彦山など

いくつもありますが、実は明治元年の「神仏分離令（判然令）」に続き、明治五年に「修験道廃止令」が出され、いったん途絶えたという過去があります。後に、昭和二二年に施行された日本国憲法の「信教の自由」により復活を遂げ、今に至るのです。

もともと山伏は、「半僧（聖）半俗」と言われるように、修験道者としての「山の修行」と、生活者として生業をもって暮らす「里の行」の両方を行き来する存在が多かったようです。現在も、神社・お寺に属する一部の修験者以外に、里の生業をもって行をする山伏が各地にいます。修験者にとって「山」は神の棲む聖な

羽黒修験神社系
山伏の装束
宝冠
頭巾
法螺貝
女性の場合は頭巾ではなく
宝冠を頭部に着用。
鈴懸の色も男性の藍染めに
対し紅花染めになる。
太多須喜
鈴懸
納札袋
（袈裟袋）
金剛杖
螺緒

る場所。修行で山に入ることによって、擬死再生（生まれ変わり）を果たすと考えられているのです。


私が参加した大聖坊の「山伏修行」は、正式な山伏名をいただく修行をしていない、一般の人が参加できる三日間のものでした。

とはいえ、決して楽なものではなく、先達（指導者）の導きにより、自然のなかでの過酷な行を修めるものです。

当時の私は、友人がやっていた姿をＳＮＳで見かけ、「これは参加すべきものだ！」と直感し、内容も、その歴史背景も一切知らないままに飛び込みました。その先に、人生を大きく変える体験に出会うとは露程も知らずに。


先に書いたとおり、三日間の修行の中日、月山登拝は困難をきわめました。

悪天候はもちろんのこと、子どもの頃に体育で1の成績をとるほど運動が苦手だった私には、二四四六段もある羽黒山の石段を登った後に標高二〇〇〇メートル近い吹きさらしの月山を登ることは、苦痛以外のなにものでもありません。荷物は小さなリュックに五〇〇ミリリットルのペットボトル一本、雨合羽、タオル、ティッシュ程度しか入っていないのに、歩みを進めるごとに自分の体の重さが耐えがたく足を引きずるくらいでしたから、そんな小さな荷物ですら重荷です。身体のあちこちが痛み、体温もうばわれ、進めど進めど果てしなく感じる道のりにうんざりしていました。

おそらく九合目あたり、頂上は間近……といっても、お山の「すぐそこ」は一時間くらいゆうにかかるわけで。もう、限界でした。

そんな私の様子を見て、先達助手（先達について行者をサポートする人）も「頂上まで行けますか？」「ここでおりる、という選択もありますよ」と声をかけます。「そうか、行者を何人も見ている方も、無理だと思うくらいの状態なんだ。残念だけれど頂上についたら修行を中止して、山をおりよう。でないと、つぶれてしまう」恐怖の海に飲み込まれ、心がポッキリ折れてしまった私は、そう決心したのです。

その後、フラフラになってたどり着いた頂上の山小屋で、はじめて本書の共著者である星野文紘先達に近寄って声をかけました。

山伏修行は無言行で、話すことは禁じられています。沈黙のなか、たったひとつだけ発していいのは「うけたもう」という言葉のみ。「受けます」という意味合いですが、たとえ文脈がおかしかったとしても常にこれしか言えません。仮に「受けたくない」と思ったとしても「うけたもう」で答えるしか術はないのです。

そんななか、私は「先達、私もうダメです。山をおります」と、「うけたもえない」ことを訴えたのです。

ガタガタと震え、ひざを折って縮こまっている私に、先達はこう投げかけました。

「そうか。でも、おまえ、大丈夫だよ」

「え、ダメです、ダメです。もう無理です」

「いや、おまえ、行けるよ。顔見てりゃわかる」

「でも、もう死にそうです」

「こんなにいるのに、(だれかが助けるのだから)死ぬわけないだろう」

山小屋にいる30人近い行者たちを指差す先達。……たしかに。

「でも、もう本当につらくて。風が耐え難いんです」

「風はね、ここから先に進めば向きが変わるから楽になるよ。来た道を戻るほうがつらい」


「……私、この先の湯殿山に行ってみたかったんです……」

「行けるよ、大丈夫だ」

「本当ですか!? 私、行きたいんです！」

「おう、おまえは大丈夫だ。顔見りゃわかるから」


修行中、ずっと厳しい表情だった先達が、ニコッと笑いました。

「私とはじめて話して、詳しいことは知らないはずなのに、『顔でわかる』ってなんだろう」とは思ったものの、三山をめぐりたい思いと、これまでに多くの方々を導いてきた先達がそうおっしゃるなら行けるのだろう、という妙な自信がわいてきて、私は立ち上がりました。先ほどまで「死にそう……」とフニャフニャになっていた心に、ものすごい勢いでエネルギーが注入されました。

「行ける。私は行けるんだ！」

修行続行です。

その後も、「これは道ではなく川ですよね?」と言いたくなるようなところを歩いたり、ガタガタで壊れそうな鉄はしごをくだったり、雨水で水量の増した滝に弾き飛ばされたり、大雨でぬかるんだ坂道で何度も転んだりしながら、なんとかすべての日程を終えることができました。「死ぬかも」と思っていた私が、体育1でずっと運動が苦手だった私が、です。

修行後の直会(なおらい)(神事に参加した一同で神酒(みき)や供物を食することで世俗に戻る行事)で、やっと周囲の方々と会話をしました。

山伏修行では、はじまる前に自己紹介をしません。名前を名乗ることもなければ、どんな仕事をしているのか、どこから来たのか、どんな社会的役割をもっているのか、どんな考えや意図をもってここに参加しているのかなど、まったく開示しないのです。全員同じ、ただの人間。「生まれ変わり」の修行に相応しい死装束を模した白い修行着に着替え、ひたすら修行に向かう三日間を過ごす仲間です。

直会では、一人ずつ自己紹介をして、どんな三日間だったか、どんな体験や気づきがあったかをシェアします。全国各地から、仕事も年齢もさまざまな方が集っていたと、この時にわかるのです。そして、私の話す番が来ました。先にお話した、死にそうになった出来事、先達が「顔見りゃわかるよ、おまえは行ける」と言ってくださったこと、周囲の方々にも助けられたこと……を話したら、先達が大笑いしながらこう言いました。

「だってさ、こいつ、『死にそうです、つらいです』と言いながら、三日間、顔はずーっとニコニコ笑ってるんだからさ。おまえの魂は喜んでいたんだよ！」

あんなにつらい思いをしたのに、ずっと、笑っていた？？

あまりにも驚く私を、周囲もニコニコしながら見ています。あとから、「ずっと笑顔だったよね」「その表情に癒されたよ」と声をかけてくれる方も一人ではありませんでした。言われてみれば……あらためて気づきました。修行後に、心の底から晴れやかになっている自分がいることを。そして、身体はとてもつらい思いをしたはずなのに、三日間が楽しくてたまらなかったことを。すべての役割を外し、名前すら外して入ったお山。その大自然のなかで、頭ではなく身体を使った学びを終えた時、プリプリに光る生命むき出しの私がいました。シンプルな、素のままの私が。

修行の三日間と直会を終え、あざだらけで節々が痛む身体を引きずりながら、自宅までの長い道のりを満たされた気持ちとともに帰りました。内出血して真っ黒になった両足の親指の爪は半年かけてはがれ落ち、レースのようにひらひらと薄い爪に生え変わっていきました。その頃には二回目の修行を申し込み、それを終えた時、先達に「山伏になりたい」と申し出ます。出羽三山神社で正式修行をし、「眞苑（しんえん）」という名をいただいて、私は羽黒山の女山伏（出羽三山では「神子（みこ）」と呼びます）になりました。二〇一八年九月のことです。死ぬ思いをした初修行から、一年後のことでした。

「野性」の力を取り戻す

私は、里の行として「キャリアコンサルタント」という仕事をしています。

具体的には、企業へ出向いて研修を行ったり、個人の方向けにセッションをしたり、オープンセミナーやワークショップを開いたり、文章を書いたりすることで、人々のキャリアをサポートしています。

ところで、「キャリア」とはなにを指すのでしょうか？

「キャリア」とは、狭くは「仕事の経歴」を意味する言葉ですが、本来の意味はもっと広いものです。そもそも仕事は人生の一部に過ぎませんし、仕事をしていない人や仕事を一時的に失っている人に「キャリア」がないかといえば、そんなことはありません。

本来「キャリア」とは、仕事にとどまらず、**学びや趣味、家族や友人などの人間関係とその活動などを含めた「人生の道程」**を指しています。ちがう言い方をすれば、**その人の「生き方」**。ですから、人はそれぞれ固有のキャリアを歩むことが前提で、だれかと比較する必要はなく、正しいキャリア・間違ったキャリアというものはないのです。

ですが、企業研修でも個人セッションの場でも、多くの方々が自らのキャリアに迷い、時に正解を求めているように見えることがあります。

それは単に「私はどんな仕事が向いているだろう？」という問いではなく、「私がよりキャリアアップするにはどうしたらいいのか？」「もっと力をつけるにはどうしたらいいか？」という問いでもなく、「**自分はこの生き方でいいのだろうか**」「**私らしい生き方とはどんなものだろうか**」「**このまま、この生き方を（働き方を）続けていていいのだろうか**」といった、本来の自分の姿を問う悩みにも見えるのです。

とくに、二〇二〇年のコロナショックでその流れは加速したように感じます。あらためて、「自分らしい人生を生きていくこと」の大切さが、時代の流れとともに見直されてきているのでしょう。

ですが残念ながら、いくら考えても、その問いに対する明解な答えを見つけることはできません。ある程度の段階までは可能かもしれませんが、いつか行きづまります。過去に、そういう方々をたくさん見てきました。

では、どうすればいいのでしょうか。それは、「**頭だけではなく、自分のリソース（資源）をフル活用する**」ことです。さらに言うなら、「**人間としての野性**」を

取り戻すこと。

その第一段階は、**「身体」の力を呼び戻すこと**。そのあとに、考えるのです。自らの野性が目覚めれば、自分らしさがより開花する方向へ、おのずと動けるようになっていきます。

なぜこうした考えに至ったのか、その経緯は本編で詳しく説明しますが、多くの方々のキャリア発達に関わるなかで、私は「ソマティック心理学（身体心理学）」という領域に出会いました。

「心理学」は言語を使ってクライアントと関わるものですが、「ソマティック心理学」は、身体を通じて心に働きかけていく技法です。というよりも、「心と身体を分けることなくつながったものとして捉え（身心一如）、そこに働きかけていく」というほうが正確な表現です。「ソマティック」の「ソマ（Soma）」とはギリシア語で「身体」を指し、それは物体としての肉体（Body）ではなく、身体をとおしてイキイキと生きている心の感覚まで含めた「からだ」を意味するからです。

私が「ソマティック心理学」に出会ったのは、あることがキッカケで**「人が自分らしいキャリアを歩むには、頭だけで考えていては限界だ。私たちがもつほかの感**

覚も活用したほうがいいはずだ」という仮説が立ったからです。

その検証プロセスでたどり着いたのが「ソマティック」でした。二〇〇四年のことです。

まず、「身体は知性をもっている」「だから、頭ではなく身体に聴け」という考え方は、私にとって大変衝撃的でした。頭脳のインテリジェンス（知性）は聞いたことがあっても、身体のインテリジェンス（身体知）というアイデアに出会うのははじめてだったからです。

けれども言われてみれば人間は、頭だけではなく心や身体をもった存在なのに、ビジネスの現場では常に「頭」が最優先され、「心」は「感情的になるな」などと抑圧され、「身体」にいたっては「鞭打って酷使して、もしくは鍛えて使う（仕事の）道具」として扱われることすらあります。それは人間として、とんでもなく不自然なことだったのだ……と気づいたのです。

その時から、まずは自分を実験台にしようと、あらゆるソマティック・ワーク（「ボディ・ワーク」とも呼ばれます）を体験し、学びました。

ダンスのようなムーブメントワーク、施術者に身体を触れてもらいながら行うワーク、現在ではビジネスパーソンの教養にまで成熟してきた「マインドフルネス」をはじめとする瞑想もここに入ります。数々のワークを自ら体験・実践し、その後、キャリア発達を支援する方々にも提供してきました。

そのプロセスを通じて、**「真に『自分らしいキャリア』を歩みたいのなら、頭だけではなく心、それにつながる身体も扱う活動が必要だ」**という自分なりの真理と確信に行きついていたのです。

山伏修行に出会ったのは、その頃でした。探究をはじめてから一三年がたっていました。

山伏修行への参加は、私にとって「ソマティック」体験を増やす行為のひとつでもありました。身体を使う行ですから、まさに「ソマティック」の世界です。新しい学びがあれば……という期待ももちながら出かけたわけですが、なんとそこで、これまでの自分が打ち砕かれるような気づきがあったのです。

山伏修行はすべて、解説というものがありません。つまり、「頭の理解」はありません。

「これをやる目的は○○○です」とか「これにはこういうエビデンス（科学的根拠）があって」とか「これはこんな歴史や由来があるもので……」とか「これをやるとこんなアウトカム（結果、成果）があります」などと言ったことは、ひとつも語られません。**自然のなかに放り込まれて、ただただ、（無言行なので文字どおり）黙々と、実践をするだけ**です。ということは、まさに**「丸裸の自分」**で、**精一杯感じて、体験する「しか」ない**のです。そして、**自らの体験から学びをつかみとる「しか」ない**のです。教えてくれる人も、フィードバックをしてくれる人もいないのです。

私にはきっと、社会的なアイデンティティ（例：職業名で表される、社会的な顔）をとおして、そして過去の蓄積とひもづけながら物事を学ぶクセが、無自覚についてしまっていたのでしょう。

ビジネスの現場で体験的にわかってきたことや、たくさん学んできた理論。ビジネスパーソンとしての経験やそれに対する自負。専門家から教わる新しい考え方や、メインストリームの思想……いつしか積み重なっていたさまざまなものが、修行の場では一気に吹き飛ばされました。

それまで学んできたことやわかったと思ってきたこと、身につけてきたものが浅かったことを突きつけられたようでした。
（誤解を招かないように言いますと、それまで学んだ「そのもの」の質が浅かったのではなく、「私のとらえていた質」が浅かった、ということです）

はじめての山伏修行で肚（はら）の底から気がついたことは、たとえば、こんなことです。

・頭より先に身体。頭でわかっていることも、身体でできてはじめて、質が深化する。それこそ、「地に足がついている」ということである
・理論や知識は大切だが、なによりも、目の前の現実と取っ組み合いながら生きていくことが重要である。だから、理論や知識は「現実に働きかける」ために使ってこそ活きるものであり、当然ながら、理論や知識が主人公ではない
・私は弱い。「強みも、弱みもあります」とか、「弱いところもあります」というレベルではなく、「100％、弱い」。だれかの助けで生きている
・私はエコシステム（生態系）の一部である。そして、大いなるものの一部として生きている

・だれもが、そこにいるだけで、だれかを助けている
・魂は子ども心のかたまり。ワクワクとはしゃいで、楽しいことが大好き。それが創造性の源である
・「修行」とは、「苦行」ではない。限界を突破することでもない。自分の限界を知ることである
・「修行」の中身は人それぞれである。そこに優劣はない。当然ながら、競いあいでもない。ただ、その人の修行があるのみ
・合理的でないことや、理不尽に「感じる」ことはたくさんある。けれどもそれも、ただの自然の活動である
・自分を取り巻くすべてを信じて、まずは「ＹＥＳ」からはじめる

あらためて言語化してみると、言葉にはおさまりきらない「感覚」があることに、もどかしさを感じます。

感じたことは言葉になりにくいからです。

それでも今回、この書籍で「言葉にする」ことにトライしてみます。

だれも答えを与えてくれない、マニュアルの存在しない、先の見えない時代を生

きていく私たちにとって、山伏修行をとおして感じた「地に足をつけて生きること」「野性の自分に目覚めること」が、きっと助けや支えになると思うからです。

この本は、みなさんへの招待状です。

修行の道を導いてくださった星野文紘先達との対話形式で、ビジネスの現場にどっぷり浸かってきた私が、なぜ、山伏修行に魅せられたのかを語るとともに、古くから受け継がれた山の思想とビジネス現場の交差点に立って、現代を生きるビジネスパーソンに役立つヒントを見出してみたいと思います。

どうぞここからは、山伏修行に疑似参加したかのように読み進めてみてください。社会的な看板や役割、家族の役割、世間的な評判、まとってきたペルソナ（仮面）、頭のなかを占める学んできたこと、いわゆるセオリー的な解釈………すべてを一度脇に置き、生まれ変わりの旅を、ご一緒しましょう。

野性の力を取り戻せ　目次

本書の語り手 ―― 二

はじまりの物語

キャリアコンサルタント、山伏になる ―― 四

「野性」の力を取り戻す ―― 一四

その1

山伏とは何か

「思考」の限界と「感じる知性」の可能性

修験道とは、「感じたこと」を「考えること」 ―― 三四

「考えること」の限界と「感じる知性」 ―― 三六

見えない未来は、感じ取るしかない ―― 三九

人がもつすべてのリソースを生かしきる ―― 四一

「感じる」ことに正解も間違いもない —— 四四
女性が本来もつ「野性」の力 —— 四六
「おばさん系」が社会を救う？ —— 四九
二種類の「チョッカン」 —— 五一
「直感」の質を高めるには？ —— 五三
Let's! 里山伏修行 —— 五六

その2 「うけたもう」
先の見えない時代を生きる智慧

修行中、たったひと言だけ口に出せる言葉——「うけたもう」 —— 六八
善でもなく、悪でもなく——「曖昧さ」とともにいる —— 七二
それでも受け容れられない時——光と影の「うけたもう」 —— 七六
Let's! 里山伏修行 —— 八〇

その3
山伏修行は、一度死んで生まれ変わる場
人生100年時代の通過儀礼・トランジション

「お祓い」が、感じる知性を研ぎ澄ます？―― 九〇
人生100年時代、今の自分でずっと生きていける？
〜トランジションとしての山伏修行〜 ―― 九二
「死」から人生・キャリアを考える ―― 九六
「罪穢れを祓う」＝「本来の自分を取り戻す」―― 一〇〇
究極の心理的安全性とは？――命を守ってくれるもの
ともに自然から学ぶ――「先達」というリーダーシップ ―― 一〇二
人は圧倒的に弱い。だから人に貢献できる ―― 一〇六
「思い込み」をアンラーニングする ―― 一〇八
Let's! 里山伏修行 ―― 一一三

その4
修行では、名前はいらない。ただ自然と溶け合うのみ
無意識のバイアスから自由になる

なぜ、修行では自己紹介をしないのか？ —— 一三〇
「意識」の世界から離れる時間の大切さ —— 一三三
自然のなかにいる時の感覚は万国共通 —— 一三六
「わかっていること」と「できること」 —— 一三九
「ノープラン」だからこそできること、「計画」があるからできなくなること —— 一四二
とにかく、一歩踏み出してみよう —— 一四五
枯れ果てたエネルギーを取り戻すには？ —— 一四七
Let's! 里山伏修行 —— 一五一

その5

山伏修行は、山中の荒行であり「祈り」の行である

祈るように働くということ

「祈り」の感覚を取り戻す――一六二
「祈り」としての仕事――一六四
「祈り」が「感じる知性」を磨き上げる――一六六
「道」と「祈り」――一七〇
「祈るように働く」ということ――"Work in Workshop."――一七二
だれもが潜在的に「祈り」の感覚をもっている――一七五
「自然（じねん）」の感覚を取り戻す――一七六
Let's! 里山伏修行――一七九

終章
「山伏」をアップデートせよ
「感じる知性」と「考える知性」をあわせもつ

「山伏」は「つなぐ人」――半聖半俗として生きていく――一九〇
今こそ、「本来の自分」を取り戻そう――一九二
「動く野性」と「居ながらの野性」――一九五

あとがきにかえて――二〇六
謝辞――二一八
参考文献――二二二

その1

山伏とはなにか

～「思考」の限界と「感じる知性」の可能性～

山伏とは、『山』で『人』が『犬』になる、
と書く。
人が山に入り、
四つん這いになって走り回る。
それが、山伏のやることだ。
それ以上は、やってみなけりゃわからない。
「山伏とは」「修験道とは」を、
頭でわかって、なんになる？
そんなことを考えていても、結局は外側に
ある知識をあてにしているだけだろう。
山伏は、自然のなかに身をおいて、犬になる。
もしくは、赤ちゃんに戻るんだ。
赤ちゃんは、考えたりしない。
「感じる」ことの優等生。

みんな、生まれた時はそうだったんだよ。
それがさ、育っていくあいだに
いろいろな知識が入って、
みんなと同じように良い子になって、
テストで○をもらうのをがんばって。
どんどん、
「感じる」は封印されていくんだよ。
『感じる』ってなんですか？」と聞くなよ。
それを聞く時点で、「感じる」が
完全に封印されている証拠だよ。
山に入って修行して、感じたことを考える。
山伏が修行をとおして歩く道、
「修験道」とはそういうものだ。

修験道とは、「感じたこと」を「考えること」

星野文紘先達（**以下・先達**）「山伏とはなにか？」って？　俺のこと。はい、終わり！（笑）……じゃあ話にならないといつも言われるんだけどさ。実際、頭で覚えてもあまり意味がないと思うから「俺だよ」と言ったほうが早いんだけどね。

渡辺清乃（**以下・清乃**）つい、知識としてわかりたくなってしまいますからね。

先達　**頭でなんてわかりっこないよ。山伏が取り組む「修験道」というのはね、自然のなかに身をおいて、そこで修行しなきゃわからないの。**頭でわかったって、それは修験道とは言わないよ。

「修験道ってなんですか？」と聞かれたら、俺はこう答えてる。

「**大自然のなかに身をおいて、感じたことを考える学問であり、哲学です**」と。

清乃「感じる」が先、「考える」が後、ですね。

先達　そう。そのうえ、**まず「身をおく」が先**。現代社会に暮らす人に「修験道ってこうだよ」「山伏ってこうだよ」と言ったって、現代社会にいるままの感覚のもとで聞いても意味がないよ。

清乃 そうなると、全員が山伏修行をしなきゃいけなくなりますけれど（笑）。そうでないにしても、**「頭でわかった気にならないで」**ということですよね。

先達 そうだね。全員が山伏修行をしなくてもいいよ。

だけどね、**考えてばかりで感じることを封印していたら、いつまでも「閉じたまま」**だよ。俺はね、山伏修行をとおして多くの人が、**「感じる知性」**を開いているんだと思うね。

清乃 「感じる知性」、先達がよくおっしゃることですね。

先達 そうだね、いつも**「考える知性」**と**「感じる知性」**を対比して話しているけれど、「考える」は、知識をあてにしたもの。**知識なんか、みんな同じ中身だよ。ちがうのは、量が多いか少ないかだけ。**その範囲で考えたら、みんながほぼ同じ答えを出すことになるだろう？　だから、考えや答えがちがうと「あんたの考え方はおかしい！」ということになってしまう。考えや知識には、あっている・間違っているがあるからね。

でも、「私はこう感じます」に、「その感じ方はおかしい」とは言えないだろう？

山伏修行で3日間同じように修行してきて、最後は直会（なおらい）でみんなから自己紹介と「修行を3日間してなにを感じましたか？」を聞くんだけど、30人いれば30人、感じ方がみんなちがう。それだけ、答えがいっぱい出てくるんだよ。

答えがひとつになるのは、考えて出そうとするから。小さい頃から「みんなと同じ考え」を出すと○をもらえて、100点をもらえる。でも、そんなのは自分のオリジナルじゃないだろ。**結局は「自分自身がこう感じた」ということが大事**だと思うよ。

「考えること」の限界と「感じる知性」

清乃 私が山伏修行に出会って、先達とトークイベントをしたり本を書いたりする流れになったのは、この話が出発点なんですよね。まさに、**多くのビジネスパーソンが、「正しい答え」を「頭で考える」ことに行きづまっている**んじゃないかと思うんです。

私はふだん、さまざまなビジネスパーソンと接しているんですけど、「考えること」が優先で、「左脳が大事」「理論を使いこなすことが優秀さである」と、とてもかたよりすぎているように見えていて。**「自分を超えた大きな流れや、身体の語りかけることに沿っていく」ような「感じたもの」から生み出していく面も同時に磨いていかないと行きづまるんじゃないか**、と思っていたんです。

たとえば意見ひとつを言うのでも、「あっているかわからないのですが」「勉強不足で恐縮ですが」といった枕詞（まくらことば）をつけて発言するような……。自分の知らない理論や参照すべきデータがどこかにあって、それを把握しきれないと自信がもてない。

でも、**それではキリがないし、なによりも、考えれば考えるほど、なにか大切なことが抜け落ちてしまう**。どれだけ論理的に整合性がとれた判断をしても、どこかでしっくりこない「感覚」があるということを、人は体験的に知っていると思うんです。なにごにおいても万能なものなどないように、論理的に考えることは大事だけれど、それにも限界がある、と。

そんな時、先達のところで何度か修行をさせていただいたり、あれこれとおしやべりをしたりしていたら、ある日、先達が「ビジネスパーソンを修行に連れて行った時に、『感じる知性と経営』という言葉がわいてきたんだよ、清乃！　**ビジネスの現場に『感じる知性』は必要なんじゃないか？**」と。「はい、私もそういう問題意識をもっていて」と盛り上がって、今に至りましたね。

先達「**感じる知性と経営**」という言葉はね、社長さんや経営陣たちと話をしている時に気づいたんだよ。

　俺のところには社長や経営陣も修行にくるし、社長たちの会合に引っ張り出されて話をさせられることもよくあってね、接点がわりとあるんだよ。でね、組織のトップ、社長というのは決断の連続だろう。その時に、社員からあがってきたデータだとか、論理的な裏づけとか、そんなものに依存して決めていないんだよ。実は、直感じゃない？

　社長たちに、「**あなた方は、私から見ると魂が強い人です**」と話す。それを聞くとみんな、「えー？」というような顔をするけれど、「社長の仕事は、常に『決断』でしょ？　決断する時に部下からあがってきたデータだとか裏づけだとか、そういう企画書を鵜呑(うの)みにして、あてにして決断しますか？　しないでしょ？　直感でしょ？」と投げかけると、みなさんうなずくんだよね。「**いざ決断という**

時、結局は感じる知性、直感の強い人がうまくいってるんじゃない？」と思ったんだよね。

見えない未来は、感じ取るしかない

清乃 私、昔、転職情報誌の編集者をやっていたことがあって、転職して幸せになった方々をたくさん取材していたんです。今もそうですが、当時（二〇〇四年頃）も「転職はよく考えて」「就職はよく考えて」というようなフレーズがとてもよく見られていました。でもですね、たくさんの方々を取材してわかったのは、「**転職で人生を変えて幸せになっている人は、よく考えて決めていなかった**」ということだったんです。

先達 おお、おもしろいね。

清乃 じゃあどうしていたかといえば、「**直感にしたがって動いた**」なのですね。

ピンときて、動いて、それで一応、面接で話さなくてはならないから、と理屈を後からくっつけて……。それで当時、「直感で転職しよう！」という記事をつくりたかったんですが、イチ編集者が「直感で転職しよう」と言ってもだれも聞いてくれないと思ったので、「直感の意味や価値」を教えてくださる研究者を探したんです。そうしたらいらっしゃったんですよ。

その方に取材をしたら、「直感というのは、頭で得た知識ではなくて、実際に見たり聞いたり、匂いを嗅いだり、五感を使って積み重ねた経験というのが自分の知恵になっていて、そこから生まれた『**自分にとって大事な答えを教えてくれる信頼に足るもの**』である」「**直感は『五感（身体感覚）』を磨くことで鍛えられる**」という話を聞かせていただいて。それで、「直感型転職のススメ」という記事をつくりました。その後、身体から人生（キャリア）の可能性を開いていく、という探究に入ったんです。

先達 それで、山伏にまでなっちゃった、と。

清乃 そうですね（笑）。

先達　**決断の時に頭で考えていたら失敗するよ。頭で考えると迷うから。**いろいろとデータを見たり、あがってきたものばかりに頼っている社長だったら失敗するんじゃない？

人生だってそうだよ。頭で考えたら、安全牌を選んで生きることになるだろう。そんなんじゃや、頭が気づけないほうへは、どうやったっていけないじゃない。**見えない未来は感じ取るしかないんだよ。**

人がもつすべてのリソースを生かしきる

清乃　その後、私は、キャリアコンサルタントになったのですが、研修をしたり多くの方々の相談にのったりするなかで、ここでも「**頭だけで考えていては、社内・**

社外含めて『その人にとって良いキャリア』は築けないのではないか？」と思うことがたくさんあったんです。というのも、ご自身が「感じていること」を問いかけてもなかなか出てこなかったり、「これであっていますか？」という正解探しのような反応があったり。

時代の変化にともなって「キャリア自律[*1]」が叫ばれるようになってから、キャリア研修を実施する企業が増えましたが、「いきなり『自分で自分のキャリアを考えて』とか『やりたいことはないの？』と言われても困る」「会社が『これをやってくれ』と言ってくれたら、どれだけでもがんばれる自信があるのに」という声もたくさん聴きました。若手だけじゃないですよ、40〜50代のベテラン陣も多くいます。

「経済的に自立しているから一人前だ」とも言われますが、それは「自活」であって、「自立的・自律的な人生をおくっている」とは言えないんです。ビジネス現場では「自活」している方は多いですが、「自立・自律」できているかといえば「？」が出てきます。

そうした経緯があって「**一人ひとりの『感じる』が封印されているのではないか？**」という仮説が立ったんです。**結局、自分の道（キャリア）は、自分にしか**

わからない。そして、**自分の「頭」だけに頼っているのはごく一部のリソース（資源）しか使っていない状態。**そんなのもったいないことですよね、だったら自分丸ごと、全身を使おうよ、と。

今みなさんにお伝えしているのが、「思考の知性とか知識というのも、もちろん役に立つし、すばらしいけれど、体の叡智（えいち）を磨いていくことも大事ですよ」ということ。

「**ボディ（身体）とマインド（思考）とエモーション（感情）、スピリチュアリティ（精神性・霊性）のすべてを使うことが、自分の生命エネルギーを躍動させる、自分のイキイキした姿ですよ**」と

＊1）働く個人が自ら主体性をもって自身のキャリア形成を行うこと。「キャリアオーナーシップ」という言葉もある。

リソースをすべて使って生きる

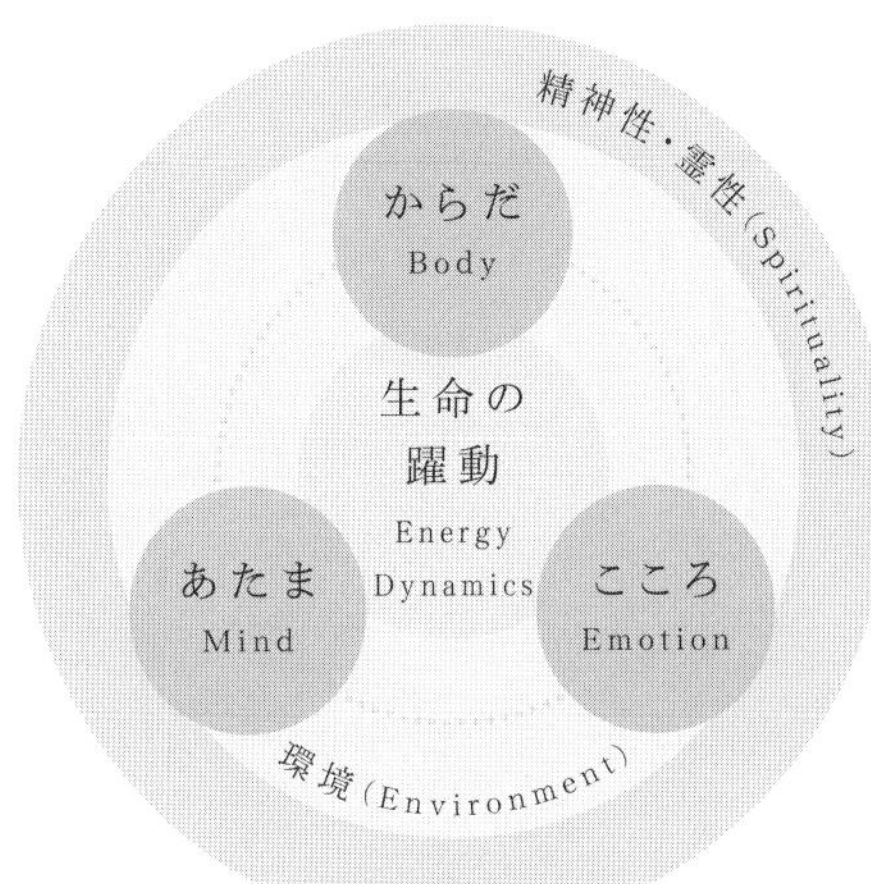

いうことをお伝えしています。

「感じる」ことに正解も間違いもない

先達 「先達、『感じる』ってどういうことですか？」と俺に聞く人は、完全に封印されている人だと思うね。でも、**興味があるっていうことは、奥底では封印された自分を広げたいんだよ。「感じる知性」が、それを求めてる。**

清乃 「『感じる』って、〇〇なことだよ」と言われたら、その「〇〇」が正解になってしまうので、結局は、同じことのくり返しですよね。感じることができないまま。

先達 **現代人は、いろんなことを説明しすぎだよ、言葉が多すぎる。**そんなことより、

自分自身のなかから出てきたものを大切にしなきゃ。

修行はね、おせっかいな人が来ると邪魔なの。そういう人には事前に言っておく。「おまえな、おせっかいは修業の邪魔だからね」と（笑）。

清乃 教えることが親切な時もありますけれど、その人の学ぶ機会をうばうこともありますね。

先達 **物語は後づけでいいんだよ**。

「三関三渡（さんかんさんど）思想」っていうのがあってね。出羽三山は「現世・過去・来世」を意味する三つの山で成り立っているんだけど、その三山を抖擻（とそう）（修行して歩く）すると、生まれ変わりができる、という思想のこと。だけどさ、きっと昔の人は、山に入って生まれ変わるような清々しさを感じていて、そこから山に意味をつけて、そういう思想をつくったんじゃないか、と俺は思うよ。**物語を先に信じちゃダメだ**。

現実社会は、「考える知性」のほうが圧倒的に優位。理由は男性がつくってきた社会だからだと思う。「男のつくってきた社会」は「考える社会」。

それにあわせようとしてきたから、女性たちは「感じる知性」が封印されて、もがいている、そんなふうにも見えるね。

女性が本来もつ「野性」の力

清乃 先達は、女性をたくさんお山にお連れしていますよね。私が山伏になった、と言うと、「え、女性でもなれるの？」と言われることがしばしばあります。女人禁制のイメージが強いんでしょうね。山伏も男性社会でしょうか。

先達 もともとはそうだよ。今はおまえみたいに女山伏も登場しているけれどね。

俺はね、**女性は野性が強い**と思っている。たくさんの女性を修行に連れて行ったけれど、みんなピカピカに輝いた顔で山をおりてくるよ。自らの野性を取り戻したんだろうね。「山伏は女人禁制」っていうけど、**本来、女性は野性が強いから、修行は要らなかったんじゃない？**

それが今じゃ、男社会にあわせて生きているから、野性を取り戻さなきゃいけなくなっている、と俺は思う。**生理が穢(けが)れだ、ってのもさ、男社会の都合**だよ。昔は自由にお手洗いに行けていたんだよ。だけど今、生理はわずらわしいもの扱いになっている。

清乃 ネイティブ・アメリカンの胎内回帰の儀式に「スウェット・ロッジ」というの

があるんですが、それに参加した時は「ムーンタイム（生理中）の女性は参加しないでください」という連絡がありました。「ムーンタイムの女性はパワフルな浄化のエネルギーにあるから」という説明つきでした。

先達 そう、生理はパワフルだよ。俺は生理中の女性も修行に参加させているよ。女性は「遠慮したほうがいいでしょうか」と連絡くれるけど、「おいでおいで」って。生理中の女性なんてね、本当に野性的だから。

清乃 転職情報誌の編集者時代、そしてキャリアコンサルタントになってからも、「女性活躍推進」とか「ダイバーシティ（多様性）・マネジメント」などにかかわる仕事現場に出ることも多いんですね。二〇〇三年に「次世代育成支援対策推進法」が制定されて「ワークライフバランス」がさかんに叫ばれ、二〇一五年に「女性活躍推進法」が施行されました。けれどもいまだに、**日本における女性管理職の比率は12％**[*2]で、主要7ヵ国（G7）では最下位です。

「女性の意識が低いからだ」という声も聞こえてきますが、そもそも日本の旧来のままのパラダイム（ものの見方や考え方）や社会システムのままで新しい未

＊2）国際労働機関（ILO）二〇一八年調べ。

来をつくろうとすれば、行きづまるに決まっています。**うまくいっているところ、そうでないところのちがいは、その組織のものの見方や考え方にある**ように見えますね。そしてもちろん、一人ひとりがどう考えているかも、社会全体に影響を与えている。

先達「感じる知性」は、これまでの男性優位の社会だとはねつけられるからね。「考えてからやりなさい」「計画を立ててやりなさい」と。

「男性優位の社会のなかで女性を男性として使う」という発想じゃ、女性活躍にはならないいんだよ。

清乃 暗黙の基準があって、「みんな、そこにあわせなさい」では限界ですね。日本のビジネス社会では「男女平等」とずっと言われてきていますが、現実的にはまだまだ追いついていなくて。

先達 ないとこだけじゃない。**だから、事実をつくっていかなきゃいけないよ**。近年登場した各国の女性政治家を見ていると、将来への希望を感じるよね。

「おばさん系」が社会を救う？

清乃 日本のビジネス現場でカンファレンスなどがあると、登壇者が全部男性、なんてことは今でもたくさんあります。企業のトップ陣はいまだに男性ばかりなので、続く女性が生まれにくい……というままだという現実もあります。

先達 男性優位の社会のままで女性活躍と言ったって、変わりにくいよね。**男性のなかにも野性の強い「おばさん系」っているからさ、そういう人が活躍してほしいよね**。こいつらも、今の社会ではなかなか苦しいかもしれないけれど。

清乃 「おばさん系」ですか？

先達 そう。しかもね、実は俺自身がものすごく「おばさん系」だということに気づいたんだよ。俺ね、女性たちと一日中遊んでいられるの。結論とか根拠のない話を、ずっと聞いていられるし。「それ、どういう意味だよ？」と根拠を求めたり、結論を急かしたりすると、場がシラけちゃうだろ。

だけどね、「結論や根拠がない」と言うわりには、女性たちって「じゃ、やってみようか」とか「じゃ、行ってみようよ」と、いろんなことがすぐに決まっちゃう。そして、物事もすぐに動いていく。**感じたことを頼りに動いて、それを答えにしていく**のは女性が長けているんだよ。

男はさ、「そこに行くとなにが得られるの?」「なぜそれをやるの?」「もっと考えてから決めよう」と、理屈をこねたがるし、腰が重い。

これからの女性たちはね、「おばさん系」の男性と仲良くして、彼らと一緒になにかをやっていけばいいんじゃないかな。そうしたら世の中変わりそうだよ。男性優位社会のなかで「女性がおじさんになる」のは、それを助長するだけだからやめたほうがいいよ。

清乃 先達も懇意にしていらっしゃる内田樹先生がおっしゃっていたんですが、「授業をしていて僕が雑談をすると、眠っている学生がふと目を覚ます」。雑談の時は、トラックが切り替わって知性が発動しているんです。「知性の発動とは、無関係のもの同士が結びつくこと。自ら経験するしかないし、感染します」と。[*3] まさにこれですよね。先生は、「大学の授業にシラバス(授業計画)なんていらない。シラバスがあると成績があがる、っていうエビデンスがあればくださいよ」と冗談でおっしゃっていましたが（笑）。**計画しない、トラックが切り替わった知性の発動が周囲に感染して、新しいものが生まれていく。**「結論や根拠のない雑談」がすべてそうだとは言い切れませんが、要素をたっぷり含んでいますね。実体験からもそう思います。

二種類の「チョッカン」

清乃 先ほど、「チョッカン」の話をしましたよね。「チョッカン」には二種類あって、五感を使って感じたものから「**その場でわいてくる＝直感**」と、経験値がビッグデータとなって「**ひらめく＝直観**」があります。この「**チョッカン**」**たちは、理**

＊3）２０１８年９月18日「講演：教育としての修行法＠名古屋」より。

屈では説明できない、というのが特徴です。「なんとなくいい」と思う時って、言葉にできないですよね？　言葉より、たとえば身体感覚だったり、内臓感覚で、ウワーッとわいてきたりするようなものなんです。

先達　そう、**「内臓」なんだよね**。ウチに修行にきている農業をやっている女性がいるんだけど、その子に聞いた話でね。彼女は大学時代に解剖学をやっていたんだって。人間の内臓、いわゆる臓腑は、自然の「土」にあたる。食べたものが内臓の繊毛をとおして栄養をとっているから、それは納得できるよね。そして、内臓は脳とつながっていない。内臓は身体に栄養を渡していくけれど、脳とはつながっていないんだそうだ。だから「チョッカン」は内臓感覚からきて、不思議じゃない。昔から「**腑に落ちる**」だとか、「**腹をくくる**」だとか言うだろ？

清乃　「**脳をくくる**」「**頭をくくる**」**とは言わない**ですもんね。

先達　だから、「**感じる**」**という世界は**「**脳**」**でやっていない、ということ**だよ。清乃が言う「内臓感覚」。昔から、肝心なことは頭じゃないんだ。

清乃　生き物って、最初は管のような形から生まれて発達していって……脳は最後のほうにできた臓器ですからね。「内臓」が最初ですよね。

先達　**人も結局、動物なんだよ**。

一時期、「トレイルランはマインドフルネスだ」と流行ったようだけど、山を駆けずり回るなんていうのは、まさに「考えていたらできない」ことだよね。考えていたら谷に落っこちちゃうよ。

「山伏」って漢字は、**「山で、人が犬になる」**だよ。動物に戻るんだ。

「直感」の質を高めるには？

渡辺 あと、「**美意識**」も大切だと思っています。哲学の世界で、人間にとっての究極の価値は「真善美」だと言われますけれど、私のボディワークの師匠は「『**美**』**からはじめるのがボディワークの考え方だ**」と教えてくれました。「美」というのは五感で受け取り、感じるもので、「美」からはじめて、心（善）と頭（真）をたどりなさい、と。まさにこれって、「感じる知性」の話と同じで、「**感じたこ**

とを考える」です。

私にとって「美しい」と感じるものはとてもたくさんありますが、たとえば「森」「滝」「花」「日の出」……結構、自然が多いんですね。あとは、「潔さ」とか。共通項を考えると、**「生命エネルギーを感じるもの」を美しく感じます**。生命エネルギーに満ちたものを、私は選んでいくのかもしれません。

先達 俺はね、**魂はいつも先に行っているんじゃないか**、というとらえ方をしているんだよ。そこは無意識の世界だから、頭じゃ認識できない。

よく、「たまたま」とか「偶然」と言うけれど、それは自分の「無意識」という「魂」が出会わせてくれているんじゃないのかな。

魂が強くなっていくと、「たまたま」とか「偶然」がものすごく多くなる。俺は多いよ。なにも考えていなくても勝手に道が開かれていくんだよ。

つきつめて言えば、その**無意識の「感じる知性」というのは「その人の魂」**だと思う。俺なりに置き換えるとね。

清乃 「チョッカン」の質も大事かな、と思います。

「チョッカン」と「思いつき」は違う。多くのケースを見ていると、「チョッカン」と思って失敗するのは、「焦りや不安からくる回避行動」を「チョッカン」

だと思ってしまうケースですね。

先達 動いたあとに頭で整理して、経験値で「チョッカン」を磨く。これが魂を強くしていくんだろうね。

良い直感を生み出すようになるには、「今したいことをやる」。それに尽きるよ。**とにかく、やっちゃえ！**

清乃 やってみたいこと、気になることに、理由を考えずに飛び込んで、思い切り楽しむことが大事ですね。仏教用語で「**遊戯**(ゆげ)」というのがあって、**悟りの境地に至って自由自在に活動すること**を指すのだそうです。遊び心って、実はとても透明感のある、純粋な動機なのだと思います。「これをすればこの先〇〇になる」「××が得られる」ではなくて、ただ「楽しいから」「やりたいから」「おもしろいから」やる。

先達 俺のやっていることはいつも、遊びのようなものだと思っているよ！（笑）

Let's! 里山伏修行

ピンときたら、理由や根拠を探さず、まずは動いてみる。

どんな小さなことでも構わない。

動いたあと、結果がどうなったかを記録する。

それとともに、自分にその「チョッカン」がわいた時は、どんな身体感覚があり、どんな感情があったかを思い出して記録する。

それが、あなただけの「感じる知性」の記録になっていく。

知性には二種類ある。

一つは後天的なものだ。

学校に通う子どもが、教科書や先生の話から事実や概念を覚え、

昔ながらの科学からも新しい科学からも知識を学ぶたぐいのものである。

そうした知性を活かすと夢がかなう。

知識を記憶する能力は、他人より上に立つか下に立つかの差を生むが、

この知性を活かせば、知識の草原を出入りし、

より多くのことを記憶の銘板に刻めるようになる。

知性にはもう一種類ある。
これは先天的に完成され、自分の内にあるものだ。
せき止められることなくあふれ出す泉であり、心の奥にある斬新なものだ。
このもう一つの知性は、色褪せることもなければ、よどむこともない。
それは絶えず流れるもの。
しかし、学びの水路を通って外から内へ流れ込むことはない。
この第二の知性は、おのれの内から外へあふれ出す源泉なのである。

ジャラール・ウッディン・ルーミー「二種類の知性」
(『スタンフォード・インプロバイザー』パトリシア・ライアン・マドソン)

あなたの最大の宝は内なる子どもだ。
年をとっても、その子どもを育み続けなさい。
この子どもは永遠にあなたの一部。
内なる子どもはあなたに
あなたが願ってやまない自由を、
あなたが欲する自発性を、
あなたが求める驚きを、与えてくれる。

これが必要になったら、東の方角へ行きなさい。
あなたの内なる子どもとずっとつながっていなさい。
子どもの目でものを観よ、そうすれば人生の魅力がわかる。

ネイティブ・アメリカンの言葉

宝物を見つけるためには、前兆に従って行かなくてはならない。神様は誰にでも行く道を用意していて下さるものだ。神様がおまえのために残してくれた前兆を、読んでゆくだけでいいのだ。

パウロ・コエーリョ
(『アルケミスト』)

その２

「うけたもう」

〜先の見えない時代を生きる智慧〜

山伏修行の最中は、無言だ。
ただただ、黙って山のなかを歩くんだ。
一つだけ、言っていい言葉がある。
それは、「うけたもう」。
なにがあっても、「うけたもう」だ。
修験道は基本的に、「うけたもう」の精神だ。
そもそも、神仏習合だろ。祝詞(のりと)も唱えるし、
お経も真言も唱える。
山岳信仰に道教や仙人思想も入っているしね、
すべてを取り込んでいくんだ。
「鬼」っているだろう。
一般的には悪者にされているけれど、
修験道では鬼も仲間だ。

鬼も取り込んで、神様にしちゃうんだ。

「うけたもう」ってね、
「委ねる」ってことだよ。
そこにはさ、信頼があるんだ。
「うけたもう」の世界には
非人間的なことは出てこない。
だから、「うけたもう」できるんだよ。
修験道はね、ゆるやかなんだ。
なんでも吸収しちゃう。
境界線は曖昧だよ。もともと日本って、
そういうところのある国だよ。
だから、それでいいんだ。

修行中、たったひと言だけ口に出せる言葉
――「うけたもう」

清乃 **修行中は、なにがあっても「うけたもう」**ですよね。たとえ文脈がおかしくても、「うけたもう」。

先達 そう。**委ねることだよ、すべて**。

清乃 そういえば、はじめての修行の時、私、「うけたもう」できなくなってしまって。

先達 月山でね。「先達、死にそうです。湯殿山に行けません」とか言っちゃってさ。

清乃 修行中は「うけたもう」しか言ってはいけないのに、ものすごくしゃべって(笑)。

先達 ところがね、「死にそうだ」と言いながら顔はニコニコしてるの。だから、「お前行ける。湯殿山行けるよ、大丈夫」と言ったの。ちゃんと行けただろう? ダメな人は帰したしね。

だいたいおまえはね、**頭で考えて「無理だ、行けない」と言っていたんだよ**。だけど、顔はニコニコしてるし、なによりおまえは魂が強い女だ。だから「行け

る」と感じた。そのあたりの見えないところを見抜くのが、先達の役目だよ。

清乃 ありがとうございます。おかげさまで満行できました。それにしても……修行って、ムチャぶりの連続ですよね。なんの説明もないですし。

先達 当たり前じゃない。**やってみて、感じ取ることしかさせないよ**。

清乃「こういう日程ですよ」とか「修行の内容はこうですよ」とか、なんのアナウンスもなくて、毎日いきなり「行くぞ」、と先達に連れて行っていただくという。

先達 法螺貝（ほら）一つを号令にね。

清乃 そうですね、朝、法螺貝の音で起こされて。

先達 一つ目の法螺貝で目を覚まし、二つ目の法螺貝で外へ出て整列。「今から月山斗藪（とそう）を催行する！」

渡辺 うけたもう――！　で、なにをするかもわからないまま歩き出す……（笑）。

先達 なんと言うかな、「うけたもう」という言葉の底には「信頼」がちらついているんじゃないかな。**「うけたもう」した世界には、非人間的なことは出てこないから**。

修験道はね、人間は自然の一部だという発想のもとにあるから、**山や川や海や、草や木や、岩や人、みんなつながっている**ものだととらえる。そこで起こることは、「うけたもう」すればいいんだよ。雨が降ろうが、台風だろうが、雪が降ろうが、なにが降ろうが。**自然にすべてを委ねていると、自然は拒まない。**

自然のなかで気づいたことは、本質だ。人から言葉で教えられたことというのは、つくられたもの。それでは、本質が欠けちゃうんだよ。

なのにさ、現代社会で暮らしていると、先に全部理解しておかなきゃ気が済まない。先に全部の予定を伝えて、そのとおりに行われないとクレームになったりさ。**でも、頭で理解したからどうなの？**いつも言うけど、**やってみないとわからないだろ？**

清乃 二〇二〇年のコロナショックは、まさに「うけたもう」の力を試された気がしました。刻々と状況が変わるなかで、私も含めて「来週どうする？」「明日どうする？」と、マニュアルにはない選択を迫られた方が多かったと思います。「現代は『VUCA(ブーカ)ワールド』だ」と言われ続けてきましたが、まさにこれだ、と。[*4]

先達 先のことは見えないからね。頭で考えて予測なんてできないよ。

先のことは、「感じ取る力」を使うしかないんじゃない？感じ取ったことをやってみて、やったあとで頭を使って整理して、それが経験値になる。先のことがわかったら、予言者だよ。予言者だって、知識や過去のデータをもとにやっているから、あてにならないと俺は思う。
それよりもさ、自分の「感じた」ことを頼りに動くほうがいいよ。**だれだって、「偶然」とか「たまたま」ってあるじゃない？** たとえば、いつもこの道を通るんだけれども、なんとなくちがう道を行きたくなったので遠回りだけど行ってみたら、会いたいと思っていた人にバッタリ会えたとかさ。トラブルで一時間遅れて出かけたら、たまたま事故にあわずに済んだとかさ。

清乃 私の人生、**「たまたま〇〇で」**とか**「うっかり××しちゃったら」**とか、そんな話ばかりですよ。

先達 おまえはさ、「うっかり道」で生きていけばいいよ！（笑）

清乃 はい、そうします（笑）。

清乃 ちなみに、キャリアの世界に「計画された偶発性」という理論があるんですね。「キャリアはしっかりプランを立てて構築すべき」という考えもありますが、この理論を提唱したクランボルツ博士によると、**「個人のキャリアの8割は予想しない偶発的な出来事によってできている」**とのことなんです。博士は、「目の前

＊4）社会環境の複雑性が増し、想定外のことが次々と起こり、将来予測が困難な世界の意味。

にやってきた偶然を、主体的に活用しなさい」「予期しない出来事を自ら感覚を研ぎ澄ませて生み出しなさい」と説いています。そのために必要な基本的態度が五つあるのですが、そのうちのひとつの「楽観性」は「**新しい機会は必ず実現する、とポジティブに考えること**」。先達の言う「信頼」に近いかもしれませんね。**一歩踏み出そうとしているこの世界は、非人間的なことを私にはしてこないだろう**というような。

善でもなく、悪でもなく
――「曖昧さ」とともにいる

先達 そういえば、コロナと言えばさ、当初「コロナに打ち勝つ！」という言葉がたくさん出ていただろう？ 俺はあれに違和感があったね。

ウイルスは昔からこの世界にいて、人間とだって共存していたんだし、こちらが正義であちらが悪、ってことはないだろう。細菌だって同じ。俺たちの身体のなかに住んでいて、俺たちを助けてくれている菌もいれば、発酵食品をつくる菌もいる。全部が有害な「ばい菌」じゃない。**「共存」が大事なんじゃないかな。**

完全に排除できると思うことが、そもそもおかしいよ。

少し話がそれたけどね。「打ち勝つ」じゃなくて「共存」っていうのは、もともと日本の民族性としてそなわっていたことだと俺は思っている。

日本はさ、悪いものも良いものに転換していくところがあるんだよ。たとえば「鬼」なんていうのは、一般的には怖くて悪いものとされている。ところが、その鬼が転換して「鬼瓦」として家を守る神様になっちゃう。

清乃 たしかにそうですね。

先達 そうだろう？ **「善か悪か」なんて、なんとなく曖昧にしておくのが日本の良さだよ。**この**「曖昧性」を大事にしろ、**とみんなに伝えているんだけれどもね。

なぜ、日本人は曖昧性の民族なのか。自然にすべて委ねてきた俺としてはね、「春夏秋冬」だと思うよ。「春夏秋冬」と言葉はハッキリ分かれているけれど、現実には「明日から春です！」じゃないだろう？ 実際は、春から夏になる時、「春でもない夏でもない」時間がある。秋から冬に移る時は、「秋でも冬でもない」時間がある。常に「どちらでもない」が、あいだをつないでいるわけよ。だから、**四季のあるこの国に暮らしていると、身体は必然的に「どちらでもない」の曖昧性とともに生きている。**

清乃 西洋・東洋における、哲学や宗教観のちがいも影響していそうですね。デカルトは身体と精神を分ける「**二元論**」ですし、キリスト教は魂と体を分ける「**霊肉二元論**」。東洋は身体と心はつながっている「**心身一如**（いちにょ）」。

先達 日本古来の修験道なんて、曖昧さの極みだよ。神様も仏様も、中国の道教も、アニミズムもシャーマンも、なんでも一つにしちゃう。本来、日本人にはそれがあっていたんだよ。

けれども明治維新の時に「答えを一つにしよう！　欧米に倣え！」で、欧米に追いつけ追い越せとやってきたら、こんなことになっちゃった。**常に一つの明確な答えを出そうとするし、なんでも答えがあると思いこんでいる。**

清乃 心理学の領域に「**ネガティブ・ケイパビリティ**」という言葉があるんですね。もともとは英国の詩人のジョン・キーツが発見し、その後、第二次世界大戦に従事した精神科医・ビオンによって再発見された考え方で。なにかと言えば、「**不**

確実なものや未解決な状態において、簡単に答えを出そうとせずに、そのカオスのなかに留まっていられる力」を指すんです。まさに、「どちらでもない」ところに留まっていられるか、ということですよね。先ほどお話した、VUCAワールド（七〇ページ）においては、このネガティブ・ケイパビリティが必要だ、と話題にもなりました。キーツは弟へあてた手紙に「シェイクスピアはネガティブ・ケイパビリティの権化だ」と引き合いに出しています。**「ネガティブ・ケイパビリティ」は、奥深い創造行為の源になる**からです。

ちなみに**脳って、中途半端な空白を嫌う**んですって。なにかわからないものを留めておくのがストレスになるので、サッサと解釈してラベルをつけて処理したい。空白があったら埋めたいんです。混沌としたものを混沌とした状態のままにしておける力、曖昧性に漂っていられる力って、山伏風に言えば「うけたもう」なんじゃないかなと私は思っています。

私は、**山伏修行をしてみて、自然の流れに沿っていく、起こることに好奇心をもって「うけたもう」していく胆力を磨くキッカケをいただいた**ように思っています。この世にあることのすべてを私が理解できると考えることが傲慢で、私にはコントロールできないもっと大きな流れがある。その兆しを繊細に感じ取りながら、ただただその時、その「今」を「うけたもう」して。

でも、単なる受け身ではなく、感じたことを素早く行動に移して、またその反応を見る。大きな流れと対話しながら生きているような感覚があります。

それでも受け容れられない時
――光と影の「うけたもう」

先達 俺が思うのはね。これまでのビジネス社会はさ、ＰＤＣＡを回してつくられてきただろう。でも、**これからは「プラン」なんて通用しないんじゃないか？**

清乃 山伏から「ＰＤＣＡ」という言葉が出てくるのはおもしろいですね（笑）。

先達 山伏をしながら市役所の職員として、定年まで勤めていたからね。管理職もやっていたし、そういうビジネス社会で使われる言葉は一応知ってるよ。

でね、たとえ経営計画とか、事業計画とかのプランを立てても、現代社会ではさ、そのとおりにいかないだろう？　そういう意味でも「うけたもう」しかないんじゃないか？

清乃　コロナショックなんて、まさにそう。だれもそんなプランしていませんから。

先達　そうだよ。**だからね、今の状況を見ながら、「うけたもう」して進むんだよ。**で、感じたことを行動に移す。未来は計画なんてできないよ。その時にならなきゃわからない。だから、感じ取るしかないんだよ。

清乃　ただ、「うけたもう」って本当に難しいと思っていて。だって、どうやっても「うけたもう」できないと思うこと、あるじゃないですか。その考えは受け入れられないな、とか。

先達　言いたいことはわかるよ。「あなたが言っている言葉は受けたくない」と思うことはあるよね。それはそれでいいんじゃないかな。

清乃　そんな時は、「うけたもう」できなくていいということですか？

先達　いや、そうじゃない。「言っている言葉を受ける」、じゃなくて、**「そういうことを言っている、あなたの気持ちを受ける」**の「うけたもう」だよ。それはできるだろう。言っていることの「奥」にあるものを受ける、ってことだよ。

清乃 言葉は「うけたもう」しないけれど、気持ちを「うけたもう」する。「うけたもう」って、ともすると、「自分の考えはもたずに、ただ受容する」「ただ流れに身を任せる」ことなのかと思うと少し苦しいし……それは誤解なんですよね。

先達 うん、自分の考えはもっていいんだよ！　だけどその考えはオールマイティではないから、**すき間のところで「うけたもう」することが大事だね。** 自分のことをオールマイティだと思うと、世の中生きづらくなるよ。**すき間をつくることが、心地よさにつながる。** そうすれば、すき間はもっと広がるかもしれないしね。すき間を閉じて、自分がオールマイティだという世界に閉じこもる必要はないよ。

俺はね、**自分の内側にある「光」と「影」の部分に「うけたもう」がある気がするんだ。** たとえば、会社の方針を「うけたもう」してそこに委ねる。だけど、自分でやろうとしていること、やりたいことがある。それは「影」の部分でやっちゃえばいいいんだ。それは必要なことだ。で、外に出せる形になったら、出していけばいいいんだよ。

仕事をしていて、相手からやってくる、その気持ちは「うけたもう」。そして、「うけたもう」できないと感じた面は、自分の気持ちにしたがって、影でやればいいい。**「正しさ」ってね、光のなかにばかりいたってわからないよ。影のなかに**

いるとそれがよくわかる。人は光と影をもちあわせているし、そのうえでの「うけたもう」なんだよ。

そもそもね、その会社に入るのを決めたのは自分だし、その仕事を「うけたもう」したんだろう？　それを進めていくなかで発生する外野のことは、いいんだよ。プロジェクトを進めることが重要なんだし、その奥にある思いを「うけたもう」したわけなのだから、その手前で起こる上司のことやらグチャグチャしたものには、「ああ、そうですか」「そういう言い方もできますね」で流せばいいんだよ。**小さな、目先のことに振り回されない。自分の内側に「光と影」をもつ。そういう感覚も必要だよ。**

俺も組織にいたからさ、組織の嫌なところもいっぱい見ているよ。影でやったこともたくさんある。

人のためになにかをする時は、影でやることも大事だ。あわせるところはあわせながら、本質で大事にすべきところがあるでしょ。体制のなかでは難しいけれど、でも、やったほうがいいこと。そういうのは、影でやればいいんだよ。

光と影を行き来すればいい。この世には、両面があるんだ。

自分にとって不快なことや、受け容れがたいことが起きた時。
心のなかで「うけたもう」とつぶやいてみる。
原因を追求したり、理由を解明しようとしたり、
結論を早くつけようとせずに、いったん受け容れてみる。
そして時には、受け流してみる。
しばらくほうっておく。
自然が営みを続け、事態が変化していくのをながめてみる。
その後、あらためてどう動くかを考えてみよう。
自分の内にある光と影の世界を使って、
現実と関わりあってみよう。

Let's! 里山伏修行

一、能に、よろづ用心を持つべきこと、仮令（けりょう）、怒（いか）れる風体（ふうてい）にせん時は、柔らかなる心を忘るべからず。これ、いかに怒るとも、麁（あら）かるまじき手だてなり。怒れるに柔らかなる心を持つこと、珍しき理（ことわり）なり。また幽玄の物まねに、強き理を忘るべからず。これ、一切、舞・はたらき・物まね、あらゆることに住（じゅう）せぬ理なり。

（現代語訳）

一、能一般に留意しておくべきことがある。たとえば、憤怒の姿を演ずるときには、内面にやわらいだ心を忘れてはいけない。これは、どれほど怒り狂っても、その芸が粗野にならないための方途である。しかして、これもまた怒る姿のうちにやわらいだ心を持つということが珍しい道理で、そこに花が現れる。

また反対に幽玄なものの写実においては心のなかに強さを忘れてはいけない。かにかくに、相反する心を内面に温めておくということは、能全般に亙（わた）って、舞い、所作事（しょさごと）、物まね、そのほかあらゆることにおいて一つところに安住し停滞しないというための用意である。

世阿弥『風姿花伝』（『すらすら読める風姿花伝』林望）

爺杉

時に悪は善
善は悪になる

元ウルグアイ大統領　ホセ・ムヒカ

（ドキュメンタリー映画『世界でいちばん貧しい大統領
愛と闘争の男、ホセ・ムヒカ』）

白と黒の縺(もつ)れの醸(かも)し出すものに私は酔わされ、
白と黒とのあいだにある、秘密というものをふと思う。
そして私の垣間見たものの何億倍もの秘密、
白と黒との間にある一切の秘密を、
この夜闇の雪が懐(いだ)き持っているらしいと私は嗅(か)ぎつけて、
滅多にないことだが心を慄(ふる)わせる。

篠田桃紅
(『その日の墨』)

その3

山伏修行は、一度死んで生まれ変わる場

〜人生100年時代の通過儀礼・トランジション〜

山伏修行ってね、擬死(ぎし)再生の儀式なんだ。
お山に入って一度死んで、
出てきたら生まれ変わる。
だから、修行の終わりは「火渡り」がある。
産声をあげながら火を飛び越える。
火は、生まれた時に浴びる産湯(うぶゆ)の熱さなんだ。
お山はね、お母ちゃんのおなかと一緒だよ。
修行する、ということは、おなかに入って、
また生まれてくるってことだ。
出羽三山での修行なら、羽黒山・月山・
湯殿山をめぐって、生まれ変わるんだな。
山に入って修行して、山から出てくるとさ。
「おーー！　修行が終わった！」と、
清々しいんだよ。
あの清々しさが、「生まれ変わったような

気がする」ってことじゃないのかな。

山伏修行に限らず、日本はずっと、
そういうことを大切にしてきた。
常に一年のサイクルが、お祓い、お祓い。
暮れに大祓いして一年の穢れを祓うだろ。
雛祭りでは、穢れを人型の紙にこめて
流してもらうだろ。
端午の節句では、山形だと菖蒲や葦とか
浄化になる植物を屋根に飾る。
だから、家を丸ごとお祓いだよ。
六月は夏越しの祓があるよね、
半年の穢れを祓うんだよ。
昔から、いつもいつも自らの穢れを祓って、
先に進むエネルギーにしてきたんだ。

「お祓い」が、感じる知性を研ぎ澄ます？

先達 日本には、お祓いのサイクルがあるんだよね。お祓いは常に、自らの穢れを取り除いて新しくしようとしていく行為。**お祓いでキレイになって、常に新しい自分として進む。**いいだろ。

清乃 **キレイになると、「感じる知性」も冴える感じがしますね。**

先達 そうそう、その感覚が大事だ。

それでね、大和時代からある「大祓詞」という祓いの祝詞があるんだけれどね。そこに出てくるお祓いしてくれる神様が「瀬織津姫」とか「速秋津姫」といった女神さんなんだよ。**お祓いしてくれるのは女神さんなんだからさ、現代社会のお祓いは、女性とおばさん系がやればいいよ！**

清乃 大祓詞、ストーリーが興味深いですね。祝詞を読み上げることで、私たちの罪を川の瀬の女神が海に流してくださり、海の女神がそれを飲み込んで、それを息を司る神様が地の底に吹き飛ばし……。

先達 昔はね、意味も考えずにそのまま唱えただけだよ。今じゃ、なんでも説明をつけたがる。

清乃 すみません、つい知りたくなります（笑）。

先達 ま、いいんだよ。**ただ、意味を先に知ろうとするのは、オススメできないね。**
般若心経も、「先達、これはどういう意味のお経ですか？」と聞かれたりするけれど、ひとまず唱えてごらん、好きな音のところはどこだ？ と、まずはそこからでいいんだよ。**唱えていて気持ちのいいところがある、唱えて清々しい感じがする。それをまずは体験しないとね。**

清乃 たしかに、大祓詞も般若心経も、好きなフレーズってあります。好きな音、リズムみたいなところが。

先達 そうそう、そういうのが大事だ。

清乃 すると、「大祓詞はこういう意味の祝詞だ」を先にやるよりも、**まずはお唱えして「こんな感覚になる」と味わってから、知りたければ勉強すればいい。**「山伏修行は、擬死再生の儀式だから山に入ることは死ぬことを意味する」と勉強してから山に入るよりも、山に入ってみて生まれ変わったような清々しさを感じて、「これはどうも、生まれ変わりの儀式らしい」と勉強するほうがいい、と。

先達 「出羽三山は生まれ変わりの山だ」って言われているけれどね。これは、先に頭で考えて決められた、生まれ変わりの山じゃないんだよ。

　山で三日も一週間も修行して出てくると、本当にもう清々しくて生まれ変わった感じがする。それをあとで整理して、「山というのは生まれ変わったような気にさせるんだね」と昔の人が気づいた。だから、出羽三山に「生まれ変わりの山」と名づけた。そこからさらに頭を使って、羽黒山・月山・湯殿山の三山に、現世・過去世・来世の時間軸をくっつけた。現世利益なら羽黒山は観音さんだ、月山は亡くなったあとの世界だから阿弥陀さんが世話してくださる、湯殿山は来世を世話してもらうために大日如来を祀ろう、となるわけだ。これらはすべて、後付けの物語だよ。修行もしていない人が、こんなことを考えられるわけがない。

やってみて、感じたから、そこに物語を残すことができるんだよ。

人生１００年時代、今の自分でずっと生きていける？
～トランジションとしての山伏修行～

清乃 先ほどお話した、ネイティブ・アメリカンの儀式（四七ページ）もそうですが、**山伏修行は「擬死再生」の儀式、生まれ変わり**ですよね。

先達 山伏も先住民族みたいなもんだからさ。各地の先住民族に、生まれ変わりの儀式があるよね。

清乃「人生100年時代」と言われますが、私、その言葉を聞いた時に「**100年も『この私』で生きていくなんてムリ。大変だ、疲れちゃう！**」と思ったんですよ。100年ずっと走り続けるなんて無茶だと思うし、そもそもずっとこの「同じ私」で、まだまだ続くとわかっている長い道のりをイメージしたら……うんざりしちゃったんですよね。

だから、山伏修行をしていて本当によかった。**何度でも生まれ変われるから、新しい自分でそこに立てる**。これなら、100年走り続けられるし、あきずに生きられそうです（笑）。

先達 だから我々山伏はさ、死ぬまで現役でいられるんだよ。使い捨てがないんだよ。俺はいよいよご臨終ですという時には、まわりに「法螺（ほら）貝持ってこい」と言う。で、法螺貝をブワーッと吹いてバタン。これで、俺の日常が終了。

清乃 カッコいいですねえ。先達の肉体の死は、そんな感じなんですね。

私の里の行の話をしますと、キャリア理論のなかにも、「**小さな死を迎える**」という表現を含む考え方があるんです。「**トランジション**」という理論なんですけれどね。人生のある局面において、転機というか、移行期を迎える。そこは、今までの自分のアイデンティティがある意味では崩壊して、死んだような、自分を失ったような戸惑いの時間です。それを過ぎていくと、新しい自分としてまた歩みを進めるようになる。これをくり返しながら、人はキャリアを積み重ねていく、という考え方です。

私たちは、いつまでも小学生ではいられないじゃないですか。小学生だった自分が死んで、中学生になる、というのもそうだし、子どもをうめば、夫婦だけの人生ではなくなって、親という新しい人生がはじまる。会社で役職がつけば、それまでの一人のメンバーだった自分が終わり、役職者である自分がはじまる。役職定年になれば、役職者だった自分が終わり、一人のメンバーとしての自分がはじまる。**私たちの人生においては、いつもなにかが死んで、なにかが生まれている**、と言われればなんとなくイメージがつきますよね。

「**死ぬ**」**ということは日常だ**という考えが、修行の世界だけでなくビジネスの現場でもふつうになれば、世界の見え方が変わるな、と思っていて。

トランジション

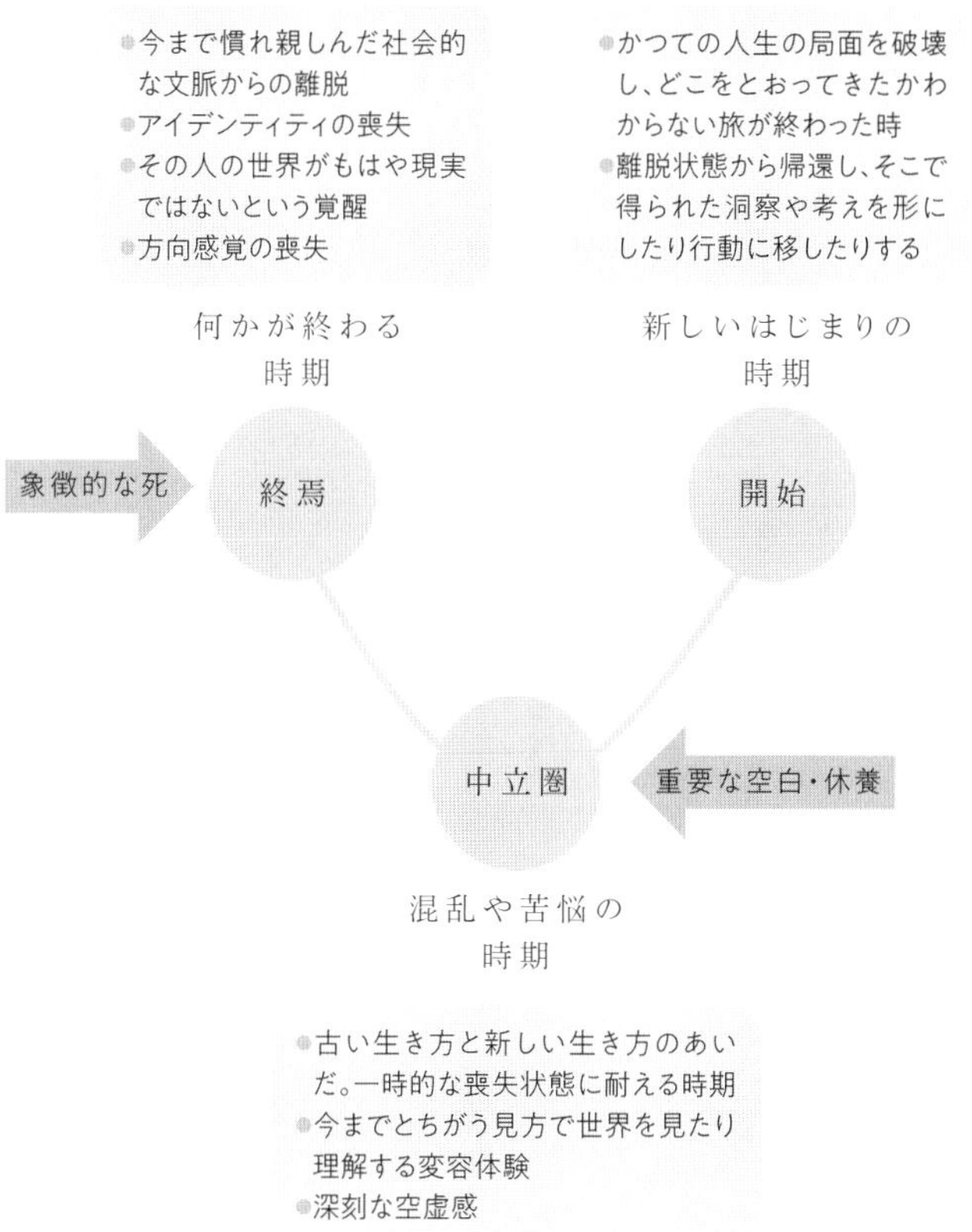

- 今まで慣れ親しんだ社会的な文脈からの離脱
- アイデンティティの喪失
- その人の世界がもはや現実ではないという覚醒
- 方向感覚の喪失

- かつての人生の局面を破壊し、どこをとおってきたかわからない旅が終わった時
- 離脱状態から帰還し、そこで得られた洞察や考えを形にしたり行動に移したりする

何かが終わる時期

新しいはじまりの時期

象徴的な死

終焉

開始

中立圏

重要な空白・休養

混乱や苦悩の時期

- 古い生き方と新しい生き方のあいだ。一時的な喪失状態に耐える時期
- 今までとちがう見方で世界を見たり理解する変容体験
- 深刻な空虚感

『キャリアデザイン支援ハンドブック』(日本キャリアデザイン学会監修)を参考に作成

先達 **現代はさ、「死ぬ」ことが特別になりすぎだよ。本来は、生と死は隣りあわせ、いつも一緒にあって、それが人の日常。**だけど今じゃ、「死」は遠いものになって、怖いとか、穢れだとか、そんなイメージになってしまっている。

「死」から人生・キャリアを考える

清乃 実は私、「死ぬ」ということに興味をもって、数年前から勉強しはじめていたんです。キャリアコンサルタントとして、「死ぬ」ということに関して、自分なりの考えをもっていたいなと思って。山伏修行も、本当に役立ちました。

先達 おお、なんだそれ。

清乃 先ほど先達が言われたように、現代の感覚でいくと「死は特別」なんですよね。

そして、日常からは遠い存在で、忘れてしまっている。私の里の行のキャリアの領域でも、企業研修では「次はどのように成長しようか」「次はどんなチャレンジをしようか」と、いつまでも昇っていく、拡大していく、という前提で話を進めていたんです。

けれどもある日、ふと気がついたんですよ。**「なんだかずっと、元気に生き続けるような前提で話をしているけれど、私たちは全員老いて、いつか死ぬ。それだけは、みんな一緒だ**」と。キャリア研修では「ライフイベント」というものを扱うことがあるんですね。たとえば結婚・出産・転勤・異動・昇格昇進……でもこれは、経験する人・しない人がいるんです。**私たち全員が共通して体験するライフイベントはたった二つだけ。「生まれること」と、「死ぬこと」**です。生まれたことはもう終わったことだとしても、なぜ、全員に共通する「死ぬこと」が無視されたまま、キャリアを語るのか……と、矛盾を感じてしまったんですよね。

先達 **「生」と「死」の世界をつなぐのも、山伏の役目だよ**。お前、ちゃんと山伏やってるじゃやない（笑）。

清乃 ありがとうございます。それで、終末期医療や死に瀕した時の心理学を大学で学んだり、昏睡状態の方に関わる心理的技法のトレーニングを受けたり、臨死体験をした方々に話を聞いたり。それらを通じて学んだことをアウトプットすべく、多くの方にお伝えしたり、科学雑誌を使って「死」に関する読書会をしたり。それを、キャリアの理論とつなげてみたり。……いろいろなことを積み重ねている最中です。

　私自身もそうだし、受講してくださった方々のお声を聞いていてもそうなんですが、「死」に向きあってみると、「死」のとらえ方が変化したのと同時に、今の「生」がビビッドに感じられるようになるんですね。まさに、**「死ぬことを考えることは、生きるこ**

通過儀礼

「死と再生」の経験を拡大して見せる

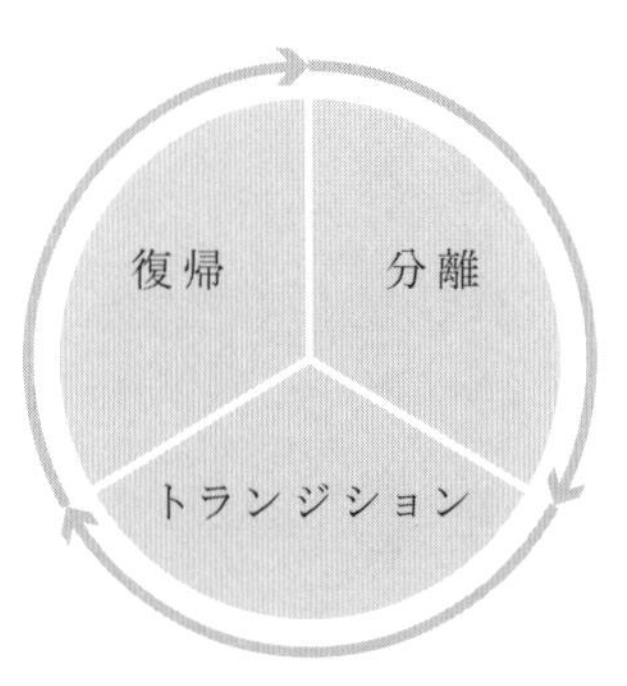

[分離]

今まで慣れ親しんだ社会的な文脈から切り離され、象徴的な「死」を経験する

[トランジション]

古い生き方と新しい生き方のあいだにある「誰でもない人」として「孤立」の時を過ごす

[復帰]

トランジションにより内的変化が生じると、その人は新しい役割を身につけて、それまでの社会に戻され、「再統合」される

とだ」と思いました。

山伏修行なんて、まさに「擬死再生」ですし、私はほら、「先達、死にそうです！」となったじゃないですか（笑）。先達から見たら大したことないよと言われますし、もちろん死んだわけではない。でも、「**死にかけた**」**という体験が、人生観をアップデートしてくれたんですね**。

先達 修行をとおして脱皮したんだろうね、清乃は。**蛇も脱皮をするだろ**。何度も言うけど、昔の人たちは、そういうことを大事にしたんじゃない。

渡辺 脱皮しない蛇は死んじゃいますものね。

たしかにおっしゃるとおりで、先住民族のいろいろな儀式は、すべて「脱皮」＝「生まれ変わり」のサイクルを大事にしているんですよね。まさに「**トランジション＝通過儀礼**」です。これまで慣れ親しんだ社会をいったん離れ、なんのアイデンティティももたない「どちらでもない」状態でしばらく空白の時間を過ごしてから、元の居場所に戻る。その時は以前の自分とはちがう、新しい自分を再統合して元の場所で活動する。「**死→カオス→再生**」**というサイクルをくり返すん**です。昔はそれが、日常としてあったわけですよね。

「罪穢れを祓う」＝「本来の自分を取り戻す」

先達 祝詞では「**罪穢れを祓う**」と言ったりするけれど、昔の人は、自分を覆っている「つみ」を修行で外したから、再生できていたんじゃないかな。かぶりものを外す、という活動だよね。**生まれ変わりというのは、本来の自分に戻る、ということだからさ**。子どもに戻って、生まれた時に戻る。言うならば、それが「悟り」ってことじゃないかと俺は思うよ。少年……五歳、三歳に戻れる男性が「おばさん系」なんじゃないかな。完全に生まれ落ちた時の状態に戻る。魂のまま、だよね。

生まれた時ってのはね、身体のなかの水はみんな同じ状態なわけだ。ところが成長にともなって、体内の水はにごっていく。女性は毎月の生理で身体の水が浄化されるから、生まれた時の状態に戻りやすいんじゃないかな。

一方、男性は体内の水が浄化されないからどんどんにごっていく＝感じる知性が鈍っていくから、考える知性に頼ってしまう。というのが、俺なりの発想。生まれ落ちた時に戻ることが、「悟り」なんだよ。もちろん女性も浄化されているけれど、生まれた時よりはにごるから、そこに戻るのが「擬死再生」だよ。

清乃 中年男性の「加齢臭」ってありますよね。女性に加齢臭が少ないのは、生理で浄化しているから。男性はそれがないから、女性よりにおいが強くなる、って聞いたことがありますよ（笑）。

先達 おお！　そりゃわかりやすいなあ!!（笑）

清乃 一方、男性性社会にあわせて働いてしまう女性って、生理が止まってしまうことがあるんです。若い女性の話を聞いていると「生理が止まっていて……でも、ラクだからいいんです」という方々がいらっしゃるんですね。自然の一部の生き物としておかしくなっているのに、その違和感よりも「機能的である。ラクである」というほうを選んでしまう。その感覚こそがマズいんじゃないかと思っています。野性がどこかへいってしまって、自然を失っていることに気がつかない。

「男性優位の社会」のしくみのおかげで、現在の日本の発展があるのですが、今の時代には機能しなくなってきた部分が大きい。だからこそ、「**素**」**の自分を覆ってしまうものを取り払えるといいんじゃないか**と思うんですね。**古い思い込みを捨て去ること**。それには修行で擬死再生することが役に立つのではないかと思います。

究極の心理的安全性とは?

——命を守ってくれるもの

清乃 とはいえ、「死」をビジネス社会に組み込んでいくことの難しさもあると思っているんです。先ほど、「いきなり『自分で自分のキャリアを考えて』とか『やりたいことはないの?』と言われても困る」というベテラン陣の話をしましたよね(四二ページ)。これがまさに、今までのアイデンティティを手放して、新しい自分を再統合することへの抵抗や苦悩です。「**アイデンティティを手放す**」って言葉では簡単に言いますけれど、**実は相当の痛みをともなう体験**です。だって、それまで自分が「正しい」と思っていたものを、ある意味では否定することにもなるし、これまで積み上げてきたものを捨てていくことでもある。かなりの「喪失体験」です。

「トランジション」のはじまりは「死」で、それは「アイデンティティの喪失」。たとえば解雇や大病、今回のコロナショックなど、「外圧でどうしようもなくはじまる」トランジションもありますが、自ら手放すこともできるようになると、かなり人生がスムーズにいくのではないかと思います。

けれどもそれが、本当に難しい。どうしたって、往生際が悪くなる。……というなかで私、最近気づいたことがあるんですよ。先達のことで。

先達 おお、なんだよ。

清乃 本づくりをはじめてから1年半くらい、先達といろいろなところでトークイベントに登壇させていただきましたよね。ご一緒に話をして、聴いてくださる方々がいて、という時間を何度も積み重ねてきた。そこで気づいたんです。

先達って、難しい言葉をまったく使わないですよね。内容も……ごめんなさい、失礼に聞こえるかもしれませんが、あえてこういう表現を選びます。そんなに高度な知識が得られるお話をされているわけではない（笑）。

先達 おう、そのとおりだよ（笑）。

清乃 でも、ですね。みなさん、先達のお話にものすごく熱心に耳を傾けていらっしゃいます。深くうなずきながら。それで、後日感想を聞くと、「**どんな話をしていたか、全部忘れちゃったけど……**」と言うんです（爆笑）。

先達 おう、そうだよ。いいんだよ、忘れて（爆笑）。

清乃 そして、「**忘れちゃったけれど、でも、すごく響いた**」っておっしゃるんです。

先達 「**先達の言葉は腑に落ちた**」って、よく言ってもらうね。

清乃「知識が増えて、満足した」じゃないんですよね。私、そこにすごくカギがあると思ったんです。**言葉は残らない。でも、体感で残る。そして、満たされる。**これって、本当に「**内側に届いている**」ってことですよね。

先ほどの「死」の話につながるんですが、ビジネスパーソンがなかなか「擬死」できないのって、それが「ビジネスパーソンとしての本当の死」になってしまう恐怖があるからじゃないかと。これまで培ってきた考え方や行動パターンを手放したら、これまで手に入れてきた実績や立場を失うことにもつながるのではないか。なんの実績も肩書きもない自分になってしまったら、もうこの組織では生きていけないのではないか。それは、ビジネスパーソン生命がなくなることと同じだ、と。ここまで言語化をしてはいないかもしれませんが、おそらく、それくらいの**大きな恐怖があるから、人って、簡単には変わることができない**んですよ。

ここに、「VUCAワールドにおいては、自ら変化できることがすべてのビジネスパーソンに求められ……」と**理路整然と伝えられたって、頭ではわかるけれど、身体は動くことができない。**

先達は会社の上司ではないので、利害関係もないし同じ立場で比べるものではありませんが、先達の特徴として私が気づいたのは、「**命を守ってきた人の強さ**」

なんです。先達は、たくさんの方々をお山に連れて行って、まさにその人たちの「命」を守っている存在ですよね。

山伏仲間に聞いたんですが、「先達はすごいよ。ものすごい強風で、みんな四つ這いになっていないと進めない日があってね。そこで風にあおられて谷に落ちそうになった人がいたんだよ。みんな、『あっ！』と思っても、四つ這いだから助けられない。そうしたら、ずっと前のほうにいたはずの先達がダーッと走ってきて、襟元をガシッとつかんで助けた。同時に、風に飛ばされたその人の宝冠（頭に巻いている布）をバシッとつかまえて、『わはは！』と大笑いしたの。あれはすごい」って。

先達 そんなことあったかな、きっと気配を感じたのだろうね。

清乃 伝説になっていますよ（笑）。その話も含めて、先達のそばにいてわいてくるのが、**「この人といれば安全だ」という、生き物としての深い安心感**です。だから と言って、先達の言うとおりにしようとか、後ろについて行けばいい、じゃなくて、**「この場は安全だから、自分の修行に専念しよう」**と思わせてくれる。

今、ビジネスシーンでは、メンバーがチャレンジできる、チームとして成果をあげられる環境づくりが大事だという文脈で「**心理的安全性**」という考え方が注目されていますが、まさにこの「心理的安全性」として、「**ビジネスパーソンとしての命が守られる**」**レベルでの安心感が必要なんじゃないか**、と思うんです。ビジネスの現場では肉体の命を落とすまでのことはほぼありませんが、たとえば「失敗したらビジネスパーソン生命の危機だ」という恐怖に包まれていたら、挑戦なんてできないし、イノベーションなんて起こりませんよね。

先達のそばにいさせていただくことで、ビジネス現場でのリーダーの在り方を、あらためて見直す機会になりました。

ともに自然から学ぶ――「先達」というリーダーシップ

清乃 そういえば、そもそも「**先達とはなにか?**」という話をしていませんでしたね。

先達 修験道の「先達」とはね、修行の最終責任者のこと。大人数で修行をするときは、先達が数人ついてそれぞれに役割をもつのだけれどね。ここではそんな細かな説明は必要はないだろ。

俺が考える「先達」とは、「経験値が多く、かつみんなと一緒に修行ができる人」。今回は本という形をとったけれど、**本来は、言葉で教えるものじゃない**と思っているんだ。**動きをとおして気づかせていく**。そして同時に、俺も気づく。**教えるのは、先達じゃない。「自然そのもの」が我々に教えてくれるんだからさ。**

清乃 「先達」と「先生」や「師匠」って、ちがいますか？

先達 俺はちがうと思っているよ。「師匠」や「先生と弟子」の関係だとね、弟子が師匠を超えられないじゃない。師匠に気を使っちゃうからね。俺から見ると、師匠よりも弟子たちが優秀だったりすることも多いからさ。俺のところに修行に来るやつは、みんな優秀だよ。だから、俺も刺激される。「**ともに**」**修行して、先達の俺も、気づくことがある**。弟子は、師匠にとって刺激になるはずだよ。弟子が師匠になにか言っちゃいけないと苦しむのはよくないよね。

そのうえで、師匠からどんどん離れていくことが大事なんだよ。大人の立ち回りとしては師匠を立てつつ、みんなそれぞれ、自分の「道」を行くんだよ。だから俺は、**うちに来るやつを弟子とは呼ばない。「山伏仲間だ」と言っている**。これから、俺のまわりではいろんな山伏像を表現するやつらが、もっともっと出てくるよ。それを見ている俺が一番楽しいんだ！　いつも刺激を受けているよ。

会社のリーダーも、こうなったらラクなのかもしれないね。今、管理職を置かない会社も出てきているんだろ？　みんな同じラインで。それも善し悪しはあるだろうけど、そういう会社をつくるには、そしていい仕事をするのには、一人ひとりが大人の感覚をもたないといけないよね。「大人」のとらえ方はいろいろあるだろうけれど、**「言われないとやれない」「指示がほしい」「指示にしたがう」っていうのは、子どもそのもの**。まさしく意識も無意識もない人だな。

人は圧倒的に弱い。だから人に貢献できる

清乃　話は変わりますけれど、私、子どもの頃に体育がとても苦手で、通知表で1を

とったことがあるんですよ。サボってないのに。

先達 それはなかなかだな。

清乃 はい（笑）。だから、身体を動かすことが苦手だし、嫌いで、まったくいい思い出がないんですよね。大人になって良かったことは、運動会や球技大会がないことです（笑）。そんな私が山伏になったっていうのは、とんでもない奇跡なんですよ。

先達 あのさ、**おまえみたいな足手まといなヤツこそ、俺は山伏になってほしいよ。**

清乃 足手まといでしたよね、やっぱり！（笑）

先達 おお、そうだよ（笑）。だけどさ、「山伏だ」ってヤツが、いかにも筋骨隆々で、頑丈そうだったら、おもしろくないじゃない。おまえみたいなヤツが山伏になることは、とても大事なことだよ。

清乃 はじめての山伏修行では、この「運動が苦手」についても、気づきがあったんです。前もお話ししましたけれど（はじまりの物語）、月山で死にそうになって、助手さんからも山をおりるかどうかをたずねられ……その後、復活したものの、ダメージが消えたわけではないから、結局また最後尾でヨレヨレと歩いたり、途中で足を止めて休んだりしないと、到底続けられなかったんですよね。そうしたら、山を登る途中でふっと背中が軽くなった。気づいたら、後ろを歩いていた修行仲間が、リュックを下から支えてくれていたんです。その後、先達が「おまえ、荷物持ってやれ。行者が修行できるように助けるのが助手の役目だろう」と助手さんを叱って、彼が私のリュックを持ってくださったんです。そうしたら、とても身体が軽くなってなんとか歩き続けられた。

結果、**二泊三日の修行で私がやったことは、自分の命を自分の脚で運ぶこと。**それ以外はすべて、まわりの人に助けてもらったんです。ただ三日間生きて、身一つで歩いただけなんです。その時に、「**ああ、もしかすると私は、これまでもこうやって知らないうちに人生の重い荷物をだれかに持ってもらって生きてきたのかもしれない**」と感謝がものすごくわいてきたのと、「**私という存在は、圧倒的に弱いのだ**」と痛感したんです。社会的には大人になっているけれど、結局、自分の命を運ぶこと「しか」私にはできない。己の完全な弱さ・無力さに直面しました。

それまで、ビジネスの現場でも、「人には強みと同時に弱みがある。弱みもあっていい」とか「弱みを補いあいながらやっていこう」ということを言っていたし、やってきたつもりでしたが、そんなレベルの話ではありません。「弱さ10

0%」でしかない自分に出会ったんです。これはかなり、衝撃的な体験でした。

先達 おお、それはいい体験をしたね。

清乃 それをキッカケに、考え方が大きく変わったんです。それまでの私だったら、「こんなに迷惑をかけるなら、もう修行は行かないほうがいいな」と考えたと思うんですね。子どもの頃、球技大会で同じチームになると、メンバーに「運動神経の悪いコイツと一緒か……」と苦い顔をされたのがつらい思い出でもあるし、実際に修行でも命を運ぶことしかできない私でしたから、少なからずだれかに迷惑をかけているわけで。

でも、修行をとおして、そういうことは「迷惑」と思わなくていいんだ、とわかったんですよ。**できない自分でも、なんの役に立てない自分でも、自分の修行をすればいいんだ、**ということを思わせてくれたのが、山伏修行の体験です。**修行って、苦行をしたり限界を突破したりすることではなく、自らの限界を知ることなんだ、**と気づいたんですね。

先達 「だれでもできる・参加できる」っていうのは、人間世界の基本じゃないかな。**人はみんな変わらない、同じようなものだ。**優秀だなんだ、っていうのは、ただ俺より知識がたくさんあるってだけだよね。その知識を使えていなければ意味ないじゃない。

清乃 先達は、身体能力が高くてお山歩きに慣れていて、軽々と登れる人たちにも「お前はお前の修行をしろ！」と檄を飛ばしますよね。そういう方々が、一人でならサクサク進めるにもかかわらず、自分が山頂まで行くことを脇において、足を引きずっている人を助けたりする姿を何度か見ました。自分の体験もそうですし、ほかの方の姿を見ると、みんなそれぞれの修行をすればいい、ということがわかるんです。だから、身体能力の低い私でも、山伏修行に行くことを遠慮する必要はない、堂々と参加しよう、と思えるんです。

先達 おお、堂々とやれ。まあ、階段や坂を登ったりの運動は、ふだんからしろよ。

清乃 うけたもう！（笑）

子どもの頃の苦い経験によって、本来の身体を動かす楽しみを封印していたように思います。「どうせやっても上手じゃないし」「うまくできないから人に迷惑かけるし」「だからやっても楽しくない」という感じで。現代社会には、「**なにかに役に立っていないと存在する意味がない**」という、すべて利益と結びつけて考える風潮がありますね。**けれども、そんな考え方をしていては、あらゆる意味で限界がくると思うし、すでにきているように見えるんです。**

今のままでは、たとえばＡＩより優秀な高性能のパソコンかソフトになることを目指すように、常に外側から求められるスペックをあげるために心身を費やす月日を送ることになりかねない。そうしなければサバイバルできない、とビジネスパーソンが思い込んでしまう。「そんな社会で本当にいいのか?」というのが私の問いなんです。経済合理性を追求する社会の、一つの歯車になる生き方を人に強いるのではなく、**「自分とは何者か? その自分を活かして社会に貢献するならなにができるか?」**を自分なりに探り、それに取り組むことが次の世界への入り口なのではないかと思っています。

「思い込み」をアンラーニングする

先達 みんな、「思い込み」にしばられているように思うね。「思い込み」って「考えすぎ」ってことだよ。概念を、自分でつくっちゃっているよ。**自分で、自分とはこういう人間だと決めつけている。もっと本当はいろいろなものがあるはずなのに、狭い範囲でつくりあげちゃっている。**それが「思い込み」だと俺は思うよ。

清乃 私の「体育1」みたいなものですか？

先達 いや、「体育1」は事実だろう？

清乃 はい、そうでした（笑）。

先達 おまえの「体育1」は事実だけれどもね、すべてのことにそれを当てはめる、これが思い込みだよ。清乃は「自分は身体能力がないんだ」と思っているだろ？

清乃 はい。

先達 だけどおまえ、岩登りや崖登りは好きだろう？　それだって、身体能力だよ。おまえ自身の幅広い身体能力を、「体育1」で大きくまとめて思い込んでいるんだよ。**「体育1」は、足が遅いとか、高く飛ぶとか、学校で測るものをもとに出てきた成績だけど、それでおまえは自分のすべてを判断して、思い込みをつくっている。**山伏の山縣（やまがけ）は平らなところを走るわけじゃないから、足が速けりゃいいってもんじゃないしね。潜在的にあった身体能力に、修行することで気づいたんだと思うよ。思い込んだままじゃ、それは出ないじゃない。

いるんですね。

清乃 事実から、いろいろと想像をふくらませて、思い込みをつくりあげてしまって

先達 そうだよ。やってみたら楽しいのに。「体育1」という思い込みで、もともともっている潜在的なものが使えなくなってしまっているだけだ。気づけなくなってる、ってことかな。俺はね、「人はみんな同じようなものをもっている」というのが基本の考え方なんだ。「自分はこういう人間だ」と自分のわかっている範囲で決めつけるんじゃなくて、「**人を見ていて素敵だなと思うところが、自分のなかにもあるんだ。それに気づいていないだけだ**」というイメージだよ。

清乃 そういう意味では、「**アンラーニング**」って大事だなとあらためて思います。「**学びほぐし**」とも言うもので、**これまで自分が身につけてきたもののなかで、今後の人生にも必要なものはそのままもっていけばいいけれど、今後不必要になりそうなものは自ら捨てていく**、という意味です。この「アンラーニング」は現代のビジネスパーソンには欠かせない態度のひとつです。

ちなみに私、はじめての山伏修行で本当にいろいろな気づきがあったのですが、アンラーニングもありましたよ。

先達 おお、どんなことがあった?

清乃 月山山頂で、「うけたもえない」と言ったあと、先達が力づけてくださって再始動しましたよね。その後の出発の際、先達は私を呼んで、ご自身のすぐ後ろにつけてくださった。それまで、フラフラで最後尾からかなり離れた本当の最後尾にいたんですけれど、先頭に入れていただいたんです。

先達 遅れるやつは、そのポジションに入れるんだよ。

清乃 しばらく歩いたら、先達が振り返って、私にこうおっしゃったんですよ。「おまえが遅れる理由がわかった。おまえは、足を置く場所を毎回探しながら歩いているだろう。**これからは、俺が足を置く場所に、そのまま足を置きなさい**」と。そうしたら……遅れなくなったし、疲れ方が全然変わったんです！

先達 俺が足を置く場所は、一番疲れなくて歩きやすい場所だからね。

清乃 私その時、気づいたんです。「**あ、これは、私のこれまでの生き方と同じだ**」と。20代後半で独立して、それからずっと自営業でやってきて。先輩も上司もいないなか、自分で自分の道を探して歩くしかなかったんですね。試行錯誤して自らなにかをつかむ手応えはあるし、それはそれで良かったんですが、先人の歩く道を「ただマネをする」って、そういえばしてこなかったかもしれないな、と。それをすると、こんなにラクなんだ！　目からウロコでした。

先達 そうか、良かったな！（笑）

清乃 こういう、他者が聞くと「え？　それだけのこと？」と言われてしまいそうな、すごく小さいことですけれど、**自覚がないことだからアンラーニングを自分で起こすのは難しい**んです。そして、今までのやり方を手放すのは、まさに「アイデンティティを失う」体験ですから、痛みがともなう。とても一人じゃできません。

私は先達がいたから素直にできた。

もちろん、強い意志を発揮することも人生には必要ですから「いえ、これが私らしさなので、私はこのままでいきます」と固辞するスタイルがあっていいと思いますが、自分一人だとどうしても古い自分に固執しちゃうところがあるんですよね、無自覚に。ビジネスシーンであれば、私たちのようなプロであったり、安心できる上司や先輩、仲間だったりに支えられながら自分に向きあうと、思い込みに気づきやすくなると思います。

Let's! 里山伏修行

自分のために、空白の時間をもとう。
環境が許すなら、一人旅がいい。
日々の生活から離れて、何者でもない時間を過ごそう。
旅が難しければ、カフェで少しの時間を過ごすだけでもいい。
公園でのんびり過ごすのでもいい。
とにかく、なにもせず、何者でもない時間を、
自分に与えてみよう。
その時間、一度死んで、また元の世界に戻ってこよう。

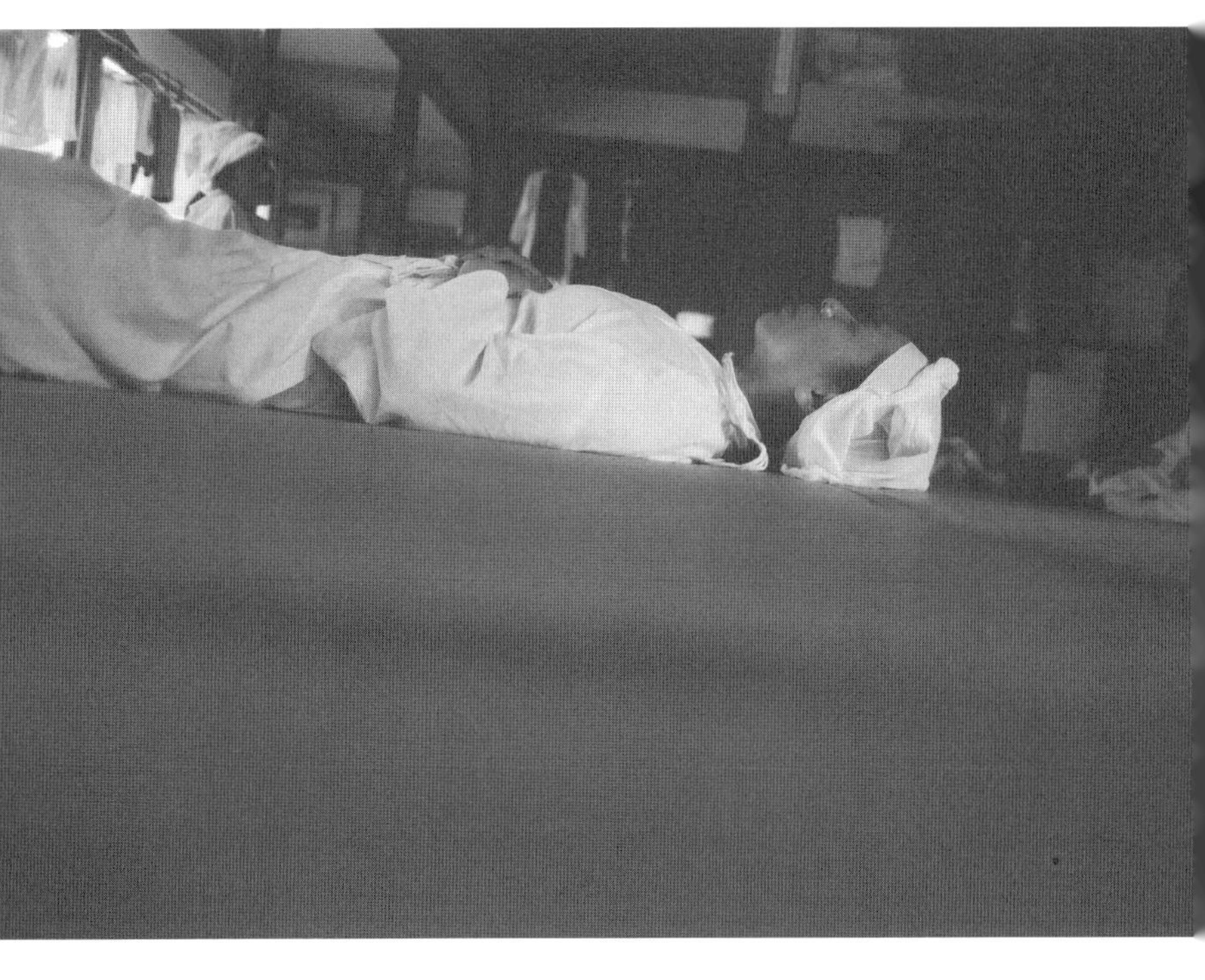

想像ですが、人間以外の生物も含めた死に向き合う機会にふれていないと、死がいかに重要なものかわからないため、殺人や自殺に至りやすくなるのではないでしょうか。私が子供のころは、平気で虫を殺していました。あるときから残酷という感情が芽生えて無用な殺生はやめたのですが、とくに最近の都市部の子供はそのような経験が少なくなっていると感じます。死を経験することは生を理解することでもあり、やがて、「自然界の生物には、生きている理由が必ずしもあるとは限らない」と実感することにつながるのではないでしょうか。

養老孟司

（Newton 別冊『死とは何か』）

現在のＡＩは、人間が特定の目的をあたえると、合理的な手段をみつけて、人間と同じか人間以上にうまく解決してくれます。ＡＩが私たちのやってきた仕事をかわりにやってくれるようになれば、私たちの生活は便利になるでしょう。しかしＡＩの進出が進み、このようなＡＩの合理的な思向が社会に蔓延すると、やがて人間が、このＡＩの思考に倣っていくようになるのではないでしょうか。

人間は痛みを感じるし、疲れるし、心が傷ついたり苦しんだりもします。しかしＡＩにはそんなことはおこりません。本来、痛み、弱さ、悲しみといったものをもっている人間が、そういうものをもっていないＡＩに倣っていくと、そういうものがだんだん排除されてしまう危険性があります。そうすると、他者の痛みに共感するなんてこともなくなりますね。

島薗進
（Newton別冊『死とは何か』）

この先に待つ人生を得るためには、
前もって計画した人生を捨て去る覚悟が
なくてはならない

ジョーゼフ・キャンベル

その4

修行では、名前は要らない。ただ、自然と溶けあうのみ

〜無意識のバイアスから自由になる〜

自己紹介はいらないよ。
「私は、〇〇をしている人です」と言うと、
それでイメージがついちゃうだろ。
世間的に名のある仕事をしているだけでさ、
なんだか立派な人に見えちゃったり。
それでだまされちゃうんだ。
だからね、修行の時は「自己紹介するな！」
と言っている。
まっさらな状態で、言葉もなく、
お互いに誰かもわからないままで、
自然に入らなきゃダメだよ。
夜の闇のなかを歩く「夜間斗藪（やかんとそう）」というのが
あるんだけどね。
最初は提灯を持って歩くけれど、いよいよ

暗闇になると、提灯を消させるんだ。
まるっきり完全に闇のなかを歩かせる。
「気配」を取り戻させるために。
現代は、24時間明るいだろう？
だから、気配なんてものがないんだよ。
昔は「太陽が沈んだ＝今日が終わり」だよ。
真っ暗な夜、新月から満月に変わっていく
毎日が、どれだけ楽しみだったことか。
「闇を照らす」ということの意味が、
心底わかるよ。
俺たちはさ、自然とともに、
自然の一部として生きているんだ。
肩書きで生きているんじゃない。
みんな、それを忘れているんじゃないかな？

なぜ、修行では自己紹介をしないのか？

清乃 修行のはじめに、自己紹介しないですよね。日常とは真反対。

先達 **なんで自己紹介が必要なの？** 「私は〇〇をしている××です」と言えば、まわりは「ああ、あの人は〇〇だ」「だったら△△△かな……」と、勝手にイメージをつくっちゃうんだよ。時に、だまされちゃう。修行する時は、「自分を名乗るんじゃないぞ」と言っている。

修行中は「うけたもう」以外、ずっと無言。すべて終われば、はじめてみんなと話をする。そして、その時に自己紹介をさせる。三日間も一緒に修行していれば、「あの人はなにをしている人なんだろう」と興味をもつからね。それで、話してみてはじめて腑に落ちる。**最初にイメージを固めちゃダメだよ。まっさらな状態で修行に向かうわけ。**

清乃 人って、無自覚にお互いをランクづけしてしまう面があるんです。これは、性格が悪い、とかいうことではなくて、生物として当然の無意識の行動で、サバンナで動物同士が出会って、「どちらが強いかな」と瞬時に判断しあう習性のようなもの。けれども人間は、先達がおっしゃるとおり「言葉」があるので、ある意味いくらでも虚像をつくることができてしまいます。自分で自分の虚像をつくることもできるし、他者の話を聞いて勝手に自分のなかでその人の虚像をつくりあげることもできる。

先達 **判断する材料は、名前や肩書きじゃなくてさ、その人の「行動」とか、「音」だよ**。

清乃 「音」ですか？

先達 言葉のもとは「音」だろ？ **言葉を一つひとつ分解していけば、「音」だよ**。たとえば「人」は、「ひ」と「と」だろ？ それが組みあわさって意味ができている。

清乃 「ひ」は「火」ですか？

先達 「ひ」は「魂」とか「霊」のことだよ。「れい（霊）」という字を「ひ」と読む。これは昔にさかのぼっての話だよ。現代人は、「ひ」と言えば「火」と思うけれど、言葉が生まれたのはもっともっと昔なんだから、その当時の人たちの感覚に戻らなきゃわからないよ。

清乃 先達はよく、「**昔の人の感覚に戻れ**」って言いますよね。言葉のない時代は、音とか、動きでコミュニケーションしていたんでしょうか。踊りも、メッセージのひとつですよね。

先達 俺ね、「言葉のもとは音」という話を、特に若い人たちにしているの。たとえば、「愛してる」だの「好き」だの「結婚してくれ」って言われた時、**「その『言葉』を聞くんじゃないよ、『音』を聞きなさい」**と。その音を聞いて、感覚的に「あ、この音、あう」と思ったらOK。ちがったらNO。みんな、言葉の内容でだまされるんだよ。言葉は、いくらでも飾り立てられるから。

清乃 じゃあ、メールじゃダメですか?

先達 メールはダメ。

清乃 音が出ないから?

先達 そう。いくらでもつくれるからダメ。「音」というのは無意識の領域なんだよ。人は無意識の世界が大事なんじゃない? **人を判断する時は、その人の「音」をとおして、奥にある無意識の判断をしたほうがいい。**大事なのは「奥」なんだよ、すべて。

清乃 先ほども、「祝詞やお経は、意味ではなくてまず『音』を感じて」とおっしゃっていましたよね。勤行(ごんぎょう)でお唱えするその「音」のうずのなかにいると、とても心地よくなってきます。その時は頭で考えていませんね。まさに、先達のおっしゃる無意識の領域にいるのかもしれません。

「意識」の世界から離れる時間の大切さ

清乃 自然のなかにいると、「言葉にならない」感覚がいっぱいわいてきます。あえて表現するなら、「うぁあぁあぁ〜〜!」っていう声、音かもしれない(笑)。

先達 そうだよ、それがいいんだよ。それが、意識を離れている状態。現代社会ではさ、その状態になかなか浸れないよね。だから、修行中は無言にして意識を離れさせるし、夜中の暗闇を歩かせたりもする。現代は24時間明るいからね、「気配」がなくなるんだよ。**気配を取り戻させるために、完全な闇を歩かせる。**

清乃「夜間斗藪(やかんとそう)」ですよね。私、大好きです。本当に真っ暗で、目の前を歩く人の行着がボワッと白く浮かぶ、それしか見えないくらいだから、それを頼りに歩くしかないんですけれど……でも、**見えていなくても「感じる」ものはたくさんあります**。足もとだって、金剛杖(こんごうづえ)で探りながら歩けば危ないことなんてないし。暗闇に包まれて、むしろ温かさすら感じます。

先達そうだね。最初は提灯を持って歩くけれど、ますますの暗闇に入ると提灯を消させるんだよ。まるっきり完全なる闇を体験してほしいからね。

昔なら、太陽が沈んだら、今日が終わりだよ。だから、闇のなかで月が新月から眉月(まゆづき)、三日月、上弦、満月となっていくのが、どれだけうれしくて待ち遠しいことか。闇を照らす光がこんなに貴重なことなのか、と痛感する。**修験道や山伏っていうのは、すべてこういうこと。体験して、感じることだよ。**

清乃そういえば、山伏修行をするようになってから変化したことを思い出しました。雨に濡れることへの気持ちです。

昔は、雨が降ってきたら「濡れないように」していたんですよね。服が濡れたらイヤだな、と。でも、修行で大雨に降られた時、それでもズンズン山を登り、顔はビシャビシャ、足もとの地下足袋は泥だらけのグショグショ。それでもなお降り注ぐ雨のシャワー……を体験したら、とっても気持ちよくて！　そもそも大人になって、こんなに雨にびしょ濡れで、泥だらけになって、四つ這いで岩を登るなんて、しませんよね。**それがとっても楽しいんです。**今じゃ、ふだんから泥んこになりたいし、岩を見れば登りたい。川があればなかを歩いてみたいです（笑）。

先達　わかるよ、それ！　俺もさ、この前「親子修行」で子どもたちを連れて山を歩いていたら、雨が降ってきたんだよ。羽黒山の石段の、上のほうから水が川みたいに流れてきてさ。子どもたちは喜ぶじゃん。俺も一緒になって、泥水の川のなかをチャプチャプ歩いたんだよ。これが楽しくてさ！　足取りも、ウキウキとダンスみたいになっていくの。その時は無意識だよね。

だけどこんな俺でもさ、時々意識があがってくる。「あれ？　70過ぎのじじいが、こんなふうにはしゃいでいていいのか？」って（笑）。

清乃　先達でもそんなふうに思う時があるんですか（笑）。

先達　あるんだよ！　するとダメだね、頭であれこれ考える状態になっちゃう。で、**それに気づいて「いいんだよ、遊べば」と自分に言って、また無意識の世界に戻る。**意識と無意識を行ったり来たりする時があるね。

自然のなかにいる時の感覚は万国共通

清乃 そういえば以前、先達と鳥取県へ遊びに出かけましたよね。そこで、修験の山の三徳山に登った時のことなんですけれどね。いつもどおり四つ這いでウキウキしながら岩を登っていたら、ふと気づいたんです。「**あ、私の魂というのは、子ども心に満ちあふれているんだ。いつも好奇心のかたまりで、遊ぶことが大好きなんだ**」って。魂が喜ぶ時間を過ごすと、頭が空っぽになって、奥底からパワーがあふれてくる。まわりとも楽しくやれる。そんな実体験がありました。自然って、人をそういった子ども心の世界や無意識の世界に連れて行ってくれるところがありますね。

先達 それは万国共通の感覚だと思うよ。三年ぐらい前に、突然ブラジルからメールが来たんだよ。英語で「トレーニング」とかなんとか書いてあってさ。英語のわかるヤツに「これなんて書いてある?」と聞いたら「修行したい。修行をブラジルでできないか」ということだったらしいの。だから、「わかった。まず、ブラジルから日本に来て出羽三山で修行しなさい。あなたが正式に山伏になれば、俺がブラジルに行くよ」と言ったの。簡単なことじゃん。
そうしたらそいつは、二回ぐらい修行に来て、山伏になったんだよ。ブラジルから七人ぐらい連れて俺の宿坊にも来てね。彼らも修行したね。そうするとさ、俺もブラジルに行かざるを得ない。約束したから（笑）。行ったらね、二〇人も集まっていたよ。

清乃 すごいですね！ ブラジルにも修行できるお山やお滝があるんですね。

先達 いい場所を探したよ。俺はいつも自然にお祈りしているだろ？ だから、ブラジルでも滝をお祈りしたり、水をお祈りしたり、岩をお祈りしたり、大木をお祈りした。

清乃 無言の行[*5]だから、言葉がわからなくてもできますしね。

先達 そう、説明もなしだしね。修行が終わって、通訳を入れて、最終的にみんなの感想を聞いたんだけど、印象に残っている四〇歳前後の男性の話があるよ。
「自分はふだん、とてもイライラしていた。ところが修行に来て、岩や木や水にお祈りして気がついた。今まで自分は、自然とそういう関係性でいなかった。

＊5） 無言を保つことによって精神を整える修行。（コトバンク）

今まで自分は人との関係でイライラしていたけれども、自然から教わったことで、イライラしなくなった」

この感覚、日本人も同じだよ。言葉がちがっても、国がちがっても、人は共通点があるね。

だから、「修験道とはなにか？」なんて知らなくても、お経や祝詞の意味がわからなくても、そもそも言葉なんてわからなくたって、俺のマネをしているだけで十分、その人が感じ取れるんだよ。いたってシンプルな話だね。

清乃　私の場合、自然のなかに身をおいていると、「命剥き出しの自分」と「大いなるものに助けられて運ばれている自分」の両方を感じます。そして同時に、「大いなるものの一部である自分」を味わうことができます。**なんの証拠も、証明する方法もありませんが、そう「感じる」んです。**たとえ科学的に証明できなくとも、ほかでもないこの私自身が知っている。それが、「大いなるもの」と「自分」を信じる力につながっているように思います。

「わかっていること」と「できること」

清乃 と言いつつ私……お滝行が苦手で。もともと泳げない、というのもあるんですけれど、水圧に負けて、はじきとばされちゃうんですよ。もしくは、冷たさで自律神経がおかしくなるのか、いてもたってもいられなくなっちゃう。

先達 くり返し入ることだね。

清乃 はじめて先達にお滝へ連れて行っていただいた日、台風でしたよね。水量がすごくて、落ちる水の裏側に回っただけで、水しぶきの圧にちっ息しそうになりました。

一番おどろいたのは、先達が最初に見本を見せてくださったシーンです。

「はい、見ててね」って、滝の裏側にひょいっと回って、スッと水のなかに入る。で、般若心経をお唱えになってから、また、ひょいひょいっと出てきて、「ね、こんな感じね」って。**なににおどろいたって、あんなに激しい水圧の滝な**

のに、先達から水しぶきがたたないんです。なんていうか、滝の水の流れと先達が一体化していて……。

先達 **滝はね、がんばっちゃダメだよ。委ねるんだよ**。がんばって立ってるヤツがいるけど、あれはまだまだだね。

清乃 私の場合は、がんばって立つことすらできないので、まずはそこからはじめないといけないかもしれません（笑）。

私がいる人材育成や組織開発の分野では、新しい理論のなかに「**流れに身を委ねる**」というキーワードが結構出てくるんですね。**お滝行をやって痛感したのは、「頭でわかっていたけれど、物理的に、身体で流れに委ねることができない自分**」です。

昔、アルゼンチンタンゴを習っていました。動機がカウンセリングの仕事に活かすためだったんですね。と言うのも、カウンセリングの現場では、「クライアントとダンスするように」「クライアントの行きたいほうへついて行く」というような表現をされるんです。「頭でわかったとしても、いざ身体でそれができるかな?」と思って。

結果、全然できなかったんですよ（笑）。ペアダンスは男性がリードしてくださるので、男性のリードを感じ取ってついて行くことになるんですが、こちらが勝手に予測して無意識に動いてしまったりして。「勝手に動かないで」とよく注意を受けました。少しの期間しかやっていませんでしたけれど、「お互いに自立して立ちつつ、相手に沿っていく」というのを身体的に体験できたのは、カウンセラーとして学びになりました。

先の見えない未来に向かうビジネスパーソンとしては、「流れを読む」とか「流れに身を委ねる」といったビジネス現場で言われる理論のキーワードを、身体的に体験すると、その質を上げられるように思います。

結局、仕事をするときは頭だけではなくて、身体を使うわけですから。**頭でわかっているだけでなく、身体に染みついていれば、咄嗟の時でも無意識にできますよね。**

「ノープラン」だからこそできること、「計画」があるからできなくなること

先達 俺は旅行へ行くと、泊まるところだけ決めて、あとは行ってみて決めるよ。空港を出て、車に乗って走りはじめて、気になるところに入る。そういう旅だよ。事前にスケジュールを決めてしまったら、ただそれをなぞるだけじゃない。でも、現実はなにが起こるかわからないんだよ。**「今」に沿っていくと、あとから感動するようなことが起きる。その瞬間はわからなくても、あとから「ああ、こういうことだったんだね」とわかる。**

たとえばね、海沿いを走っていて、ふと気になるところがあってそこへ行ってみると、偶然、聖地を見つけたりする。そこでお祈りしたりしていると、「岬とは、海からくる神様の下り場所なんだ。そういうふうに昔の人はとらえたから、岬には神様が祀られているんだ」と気づく。これは、その場に身をおいたから気づいたことであって、ガイドブックや本を読んで知ったことじゃない。そもそも俺は、そんなの読まないから。ガイドブックを見ても、だれもが行く観光地しか載っていないだろう? 自分が気になるところへ行ってみると、発見があるよ。

仕事も同じじゃない？　数値目標なんて立てたって、そのとおりにいくわけないし。**人生はライブだよ。「今」が大事。今、気になることへ進んでいけば、なにがあるかわからないけれど、なにかはあるよ。**そして、あとからその「気になった理由」がわかる。

清乃　ただ、旅ならいいですけれど、ビジネスの現場となるとそうはいかない、現実として数値目標が掲げられているから……と言いたくなる面もあります。

先達　それはいいんだよ。数値目標はあっていい。ハンコだってもらわなきゃいけないからね。組織や体制などは、そうなっているんだからさ。

でも実際は、直感的に見つけた答えや気になったことを、同時にやっちゃうんだよ。そして、「計画ではこうだったけれど、考えてみたらこういうこともあり得るな、と思ってやってみたら、こちらのほうがいいみたいです」と言えばいい。計画なんて変更はあり得るわけだからさ。そこは、大人に立ち回ることだよ。意見をぶつけてドンパチやったって消耗しちゃうからね。

「あれ、どうなっている？」と聞かれたら、「ちょっと別の方法も試してみたら、うまくいっているんですよ」と言えばいい。それくらいやらないと、今の体制はやりたいことを許してくれないからさ。上の方針を「うけたもう」して委ねながら、そうじゃない自分の源の部分でやっていくことが大事だよ。**うまくいった結果を見せれば、「計画どおりにやれよ」とは言われないでしょ？** なかにはそれでも「ダメだ」と言う人もいるかもしれないけれど、それはもうしょうがない。計画をキッチリ立てて、そのとおりにみんなを動かしたい、というのは男性優位社会の極みだよね。

清乃 数字でがんじがらめにしばりすぎる管理職には、**奥底にある無自覚な「自分の怖れ」を押しつけてしまっているケース**もあります。そして、現場が息苦しくて良い仕事ができなくなっている。もちろん管理職だって苦しいので、結局は、みんなが苦しい。

先達 役所にいた時に、そういうやり方をよく見たよ。たとえば別の課の課長と出張すると、外出先から携帯で細かく指示しているんだよ。「バカだなー、おまえ、職場を離れたらかまわなきゃいいんだよ。上司がいない時には、職員たちでなんとかするよ」と言ったもんだよ。困ったら、クレームがきたら、その時は俺が対応する。**管理職ってのはね、上から怒られる役だけしてたらいいんだよ。** 怒られたって痛くもかゆくもないからね。

とにかく、一歩踏み出してみよう

清乃　一方、数字もスケジュールも決めないことで、動かなくなっているプロジェクト、というものもあって。なあなあで情熱のない場になってしまう、ということを見聞きします。感じたままで会議をして盛り上がるけれど、その後、なにもアクションがない。感じたまま動くことができる人じゃないと、うまく進みませんよね。

先達　そう。**だから、一歩踏み出さなきゃいけないんだよ**。「感じたまま動く」という経験がないんだろうから、そこへの後押しが必要だよね。

清乃　これまでのビジネス社会は、「計画を立てれば人は動ける。それがないと人は動けない。だから、計画を立てねばならない」となっていたんですよね。

先達　そう、常々そういう社会だったね。

清乃　打ち合せをして盛り上がって、「こういう方向でいこう!」となっても、結局、だれも動かない。だから多くの人は締切を決めないと動かない。仕事が進まない。

結果、「計画を立てることが必要だ」となるんですよ。

先達 だからね、**まずはふだんの生活のなかで、「感じたまま動く」をやらなきゃダメなんだ。**日常の暮らしそのものが、そうでないとさ。

生活も仕事も同じレールのうえにある。すべてが「自分」だよ。

だけど、多くの人が、仕事と生活を分けようとするじゃない？　本来はひとつだよ。日常で「感じたまま動く」をしていないのに、いざ仕事で「感じたことをアクションに」としたって、できるわけないよ。

だから、**ふだんの生活から行きたいところへ行く、やってみたいことはやる。感じたことを結果はわからなくても試してみる。気になったらそこへ身をおいてみる。**ふだんからそれに慣れていれば、仕事の場面でも同じように振る舞えるんだよ。

枯れ果てたエネルギーを取り戻すには？

清乃　ビジネスパーソンにお話をお聞きしていると、そもそも生命エネルギーが枯渇してしまっているように感じます。人事の方にお聞きすると、「**言葉を選ばずに言えば、ウチの社員、死んでるんです**」とおっしゃることもあるくらい。経営層の方々にそういう話をすると、「わかるわかる」とおっしゃるので、「やはりそう見えますか？」とお聞きすると、「**いいえ、私の生命エネルギーが枯渇しています**」なんてこともあったりしました。みなさん決して、それでいいとは思っていないんです。人間らしい、生命の活力が失われてしまっている現状を。**ただ、どうやってそれを取り戻したらいいのかわからない**。

むしろ、失っていると気づいている人はまだいいかもしれません。それに気づかずに、自分はこんなものだと思っているのだとしたら……。私たちがそのことに真正面から取り組めたら、日本が潜在的にもつ可能性がもっと開花しますね。

みんなの生命エネルギーが活力を取り戻したら、どんな社会になるか楽しみです。

先達 今のビジネスパーソンは、常に意識社会にいるからさ、自分の無意識に気づいていないよね。すべて意識で解決できると思っている。**無意識の時こそ自分が出るのにさ、そもそも「無意識なんてあるの？」と思っている。**

先日ね、九州場所（二〇二〇年一一月）で大関の貴景勝が優勝したでしょう。あれ本割（ほんわり）では負けてしまったけれど、その後は「無心でいった」と語っていた。あれだよ。本割では、ああするこうすると、考えすぎた。意識の世界にいたわけだね。そして、一五分後に同率の優勝決定戦をした時は、「自分の相撲をとり切って負けたら、自分が弱いんだからまた来場所に出直せばいい」「なにも考えずにぶつかっていきました」と。つまり、**「今の自分でいいんだ」と、無意識でいったんだね。そういう境地の時に、本来の力が出るんだよ。**

清乃 考えすぎてもうまくいかない。

先達 そう、自分のことをあれこれ考えたって、わかりっこないんだよ。**「今」しかないの。「今」の自分の感じたことで動いていく、今の自分でやるだけ。**その時に、無意識が出るんだろうね。

相撲道もそうだけど、日本人は今こそ、いろんな意味で「道」の学問を日々の暮らしのなかで意識化していくことが大事だね。本来、日本人は、「道」が学問だったんだよ。**「道」には行き止まりがない。そして、歩むことで気づくもの。**これは、頭でわかる世界ではないから、やってみて意識化させないと、そこへの入り口はわからない。

先ほどの行動につなげられないビジネスパーソンの話もさ、感じたことを行動すればいいのに、どうしても考えちゃう。だからきっと、「無意識を行動につなげる」サポートをするのが第一歩なんだろうね。無意識はもう、答えを出している。でも、動けない。それは、無意識を行動につなげる方法を体得できていないからなんだろうね。

忘れちゃいけないよ。意識のなかにずっといると、自分を見失ってしまう。自分を勘違いしてしまう。**無意識の時が、本来の自分だよ。**さらにね、**無意識の出した答えは、あとからわかってくるんだよ。**無意識が最初からわかれば「悟り」だろう。最初に答えがわからなくたっていいんだ。

ふだんから意識・無意識の境目がなくなるような日常がすばらしいんだと思う。より自分が出てくる、本質的な自分が出てくるからさ。だから、ボーッとしている時間が大事だね。**人から見たら「なにボーッとしているの?」と言われそうな**

時が、意識と無意識のあいだ。「しっかりしろ！」と言われそうだけど、「しっかりしているあんたのほうがおかしいよ！」と言っちゃえ！　ボーッとしているほうが、「ハッとする答え」の出せる本来の自分なんだからさ。

Let's! 里山伏修行

汚れてもいい服を着て、自然のなかへ出かけよう。
草のうえに寝転んで、においをかいでみよう。
土のうえを歩いたり、川のなかを歩いたり、
岩や木に登ってみよう。
雨が降ったら傘をささずに、
濡れてみたらどうなるか感じてみよう。
まずは、公園のベンチではなく、
土の上に腰を下ろすことからはじめてもいい。
「汚れた服の洗濯が大変だ……」
と先のことを考えるのではなく、
まずは今、目の前にある自然とともに遊んでみよう。

大きな箱で仕事をさせ、その箱の中に閉じ込めて電車という箱に乗って通わせる。

それが二〇世紀の働き方であり、建築、都市のつくり方でした。

そのような大きな箱に閉じ込められて人間がいかに不自由であったか。

実は人間は今回テレワークしてわかったように、一人でも仕事ができるし自由に自分の選んだ場所で仕事ができる。

自由に選んだ距離でコミュニケーションができる。

そういう技術をすでに身につけています。

われわれはもっと自由になるべきだと思います。

人間はこの気持ちの良い自然の中にもっと出ていくべきです。

もっと自然と一体になって働き、住むことができるわけです。

そのような形で自然と近づいて、もう一度健康を取り戻し、自由を取り戻す。

それがコロナウイルスの最大の教訓だと思います。

隈研吾
（WBSインタビュー（2020年4月23日））

生命は

生命は
自分自身だけでは完結できないように
つくられているらしい
花も
めしべとおしべが揃っているだけでは
不充分で
虫や風が訪れて
めしべとおしべを仲立ちする

郵　便　は　が　き

料金受取人払郵便

日本橋局
承　　認

501

差出有効期間
2023年1月31日
まで

103-8790

011

東京都中央区日本橋2-7-1
東京日本橋タワー9階

㈱日本能率協会マネジメントセンター
出版事業本部 行

フリガナ		年　齢	歳
氏　　名			
住　　所	〒 TEL　　（　　　）		
e-mail アドレス			
職業または 学校名			

ご記入いただいた個人情報およびアンケートの内容につきましては、厳正な管理のもとでお取り扱いし、企画の参考や弊社サービスに関する情報のお知らせのみに使用するものです。詳しくは弊社のプライバシーポリシー（http://www.jmam.co.jp/about/privacy_policy.html）をご確認ください。

アンケート

ご購読ありがとうございます。以下にご記入いただいた内容は今後の出版企画の参考にさせていただきたく存じます。なお、ご返信いただいた方の中から毎月抽選で10名の方に粗品を差し上げます。

● 書籍名

● 本書をご購入した書店名

● 本書についてのご感想やご意見をお聞かせください。

● 本にしたら良いと思うテーマを教えてください。

● 本を書いてもらいたい人を教えてください。

★読者様のお声は、新聞・雑誌・広告・ホームページ等で匿名にて掲載させていただく場合がございます。ご了承ください。

ご協力ありがとうございました。

生命は
その中に欠如を抱き
それを他者から満たしてもらうのだ

（中略）

私も　あるとき
誰かのための虻だったろう

あなたも　あるとき
私のための風だったかもしれない

吉野弘（『生命は』）

かみさま

やました　みちこ

かみさまはうれしいことも
かなしいこともみなみています
このよのなか
みんないいひとばっかりやったら
かみさまもあきてくるんとちがうかな
かみさまが
かしこいひともあほなひともつくるのは
たいくつするからです

き

やまと　なおみ

きがかぜにのっていました
はっぱがいっぱいありました
だから　おんがくになるのです

鹿島和夫　灰谷健次郎
（『一年一組　せんせいあのね』理論社）

その5

山伏修行は、山中での荒行であり「祈り」の行である

〜祈るように働くということ〜

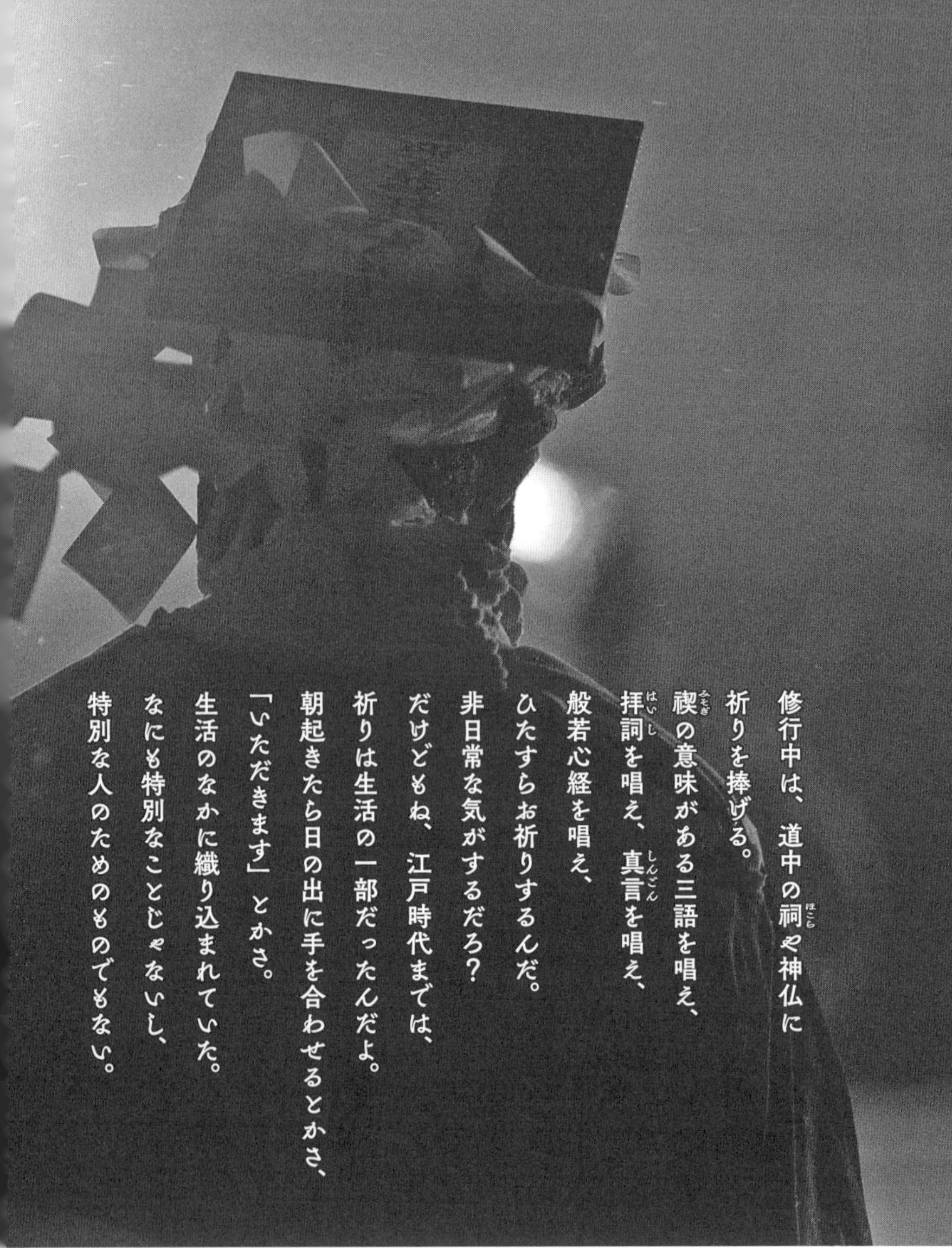

修行中は、道中の祠や神仏に
祈りを捧げる。
禊の意味がある三語を唱え、
拝詞を唱え、真言を唱え、
般若心経を唱え、
ひたすらお祈りするんだ。
非日常な気がするだろ？
だけどもね、江戸時代までは、
祈りは生活の一部だったんだよ。
朝起きたら日の出に手を合わせるとかさ、
「いただきます」とかさ。
生活のなかに織り込まれていた。
なにも特別なことじゃないし、
特別な人のためのものでもない。

もっともっと昔に戻れば、
歌とか音とか、舞が祈りだった。
言葉なんてものは、
最近できたものだからね。
だから、「祈り」というのは
特別なものではなくて、
日々の生活のなかにそれが自然と
入っているだけだよ。
「さあ、祈るぞ」じゃなくて、
日常の生活のなかにひょいっと祈りが
入ってくるだけのことだよ。
自分なりの形でね。
するとだんだんさ、見えないものを
感じ取る力が育っている気がするよ。

「祈り」の感覚を取り戻す

先達 **山伏は、「祈り」が基本だよ。**ところでね、日常的に「お祈り」をしている人はいるかい？　こうやって聞くと、「お祈り＝宗教」ととらえる人が多いんだよね。でも、それはちがう。**日本では、「祈り」なんていうのは日常生活の一部だったんだ。**もともとは。朝起きたら日の出に手を合わせる。そうやって、山や川、自然そのものに手を合わせてきたんだ。それは宗教じゃないよ。単なる、生活の一部。

清乃 たしかに、美しい夕日や日の出を見ると、「うわあ〜！」と感動の声があがるとともに、なんだか手を合わせてしまう時がありますね。これって、ＤＮＡに刻まれているレベルでの無意識の行動なのかもしれません。

先達 だろ。今、大事なのは、いかに我々が、昔の感覚を取り戻していくか、だと俺は思っているよ。**今はさ、技術が発達して、どんどん人が要らなくなっているだろ。**無人化が進んでる。**だからこそ、人がやることの根源に戻ることが大事だよ。**「祈り」ってね、もっとさかのぼれば、「歌」や「音」や「舞」だよ。昔は祝詞（のりと）

みたいな祈りの言葉はなかったわけだからさ。もっともっと昔は、木をたたいたり、石をたたいたり、声を出したりして表現していたんだよね。現代人の俺も、その根源はもっているようで、音が鳴ったらひとりでに踊りたくなるからね。

清乃 前にもお話ししましたけれど（一四〇ページ）、アルゼンチンタンゴを習っていた時、発表会のステージがあったんですね。リハーサルをしていた時に、**「踊りって、祈りだな」**と直感したんです。私はふだん、講師業などで言葉を使って人になにかを伝えていますが、ダンスになったとたん、それはできないわけですよ。お客さまに届いてほしい、それは願うしかない、というか、祈るしかない、という感覚でした。**「祈るように」行うものって、実は結構日常にあふれている**ように思いますね。

先達 そうだよ。みんな、「祈り」っていうのを特別なことのようにとらえているよね。特別な人しかやらないことだと。

そもそも昔の人はね、神様を感じたから、お祈りしていたんだよ。お祈りが先じゃない。たとえば「桜」ね。あれはもともと、「さ」と「くら」なんだよ。

清乃 どういう意味ですか？

先達 桜は、南のほうから咲いてくるだろ？「そろそろ田んぼの仕事をはじめようかな」というときに咲く花だから、「これはきっと、田んぼの神様なんだろう」

と感じたんだよ。「さ」は田んぼの神様、「くら」は、磐座（いわくら）（神様が宿る岩・場所）から来ていて、神様がいらっしゃる木、ということだよ。桜は田んぼの神様がいらっしゃる木だから、その下でみんなでお祈りして飲食しながらお祭りしたのが今の花見だよ。

でも、今はそんなこと言わないだろう？ 昔の人が感じ取ったことが、忘れ去られているんだよね。

「祈り」としての仕事

清乃 修行に入ると、お山を歩きながらずっと祈るわけですよね。要所要所で止まって。最初はわからないから、見よう見まねでやっていくんですけれど。

はじめての修行で、祈りについて気づいたことがあるんです。すれちがう方々が、「ありがとう」とか「おつかれさま」と声をかけてくださるんですよね。別にだれかに頼まれて来ているわけでもないし、言ってみれば自分の都合で来ているんですよ。自分が修行したくて来ている。なのに、お礼を言っていただけるって、なんなんだろう、すごくありがたいことだな、と思ったんです。

先達 山を白装束で歩いていると、年配の人たちは手を合わせるね。

清乃 そんなふうにしていいただける立場じゃないのに、と思います。

先達 たぶん我々を信用してくれているんだよ。ありがたく思ってくれている。**それが自然な気持ちなんだよ。**

清乃 「祈りは日常」「自然に手を合わせたくなる」という感覚をビジネスの現場に持ち込むなら、「**祈るように働く**」ってことかな、と思うんです。仕事ってそもそも、「**こういう世界になったらいいな**」「**少しでも○○が良くなったらいいな**」、と、なんらかの願いをもってアクションをする行為だと思うんですね。自分の仕事が、だれにどのように届くのか、直接目の前でわかる仕事をしている方もいればそうでない方もいますけれど、最終的にはだれかに届くことを、私たちは仕事としてやっている。そして、その届いた先の人の周囲には、その人とかかわる人がいて、きっと少なからずの影響を与えているはずなんです。網の目のように、すべてつながっているんですよね。

「祈り」は「意」を「宣る」ですから、**自分は、どんな「想い」を「宣言して」、今日の仕事に向きあうのか**。それを意図しているだけで、日々の生き方が変わってくる。「祈るように働く」ってことです。

私は、出張で自宅にいない場合を除いて、毎朝山伏の勤行をしています。祝詞やお経をお唱えして、最後に「今日も私を神様の通り道としてお使いください」と申し上げているんです。それをはじめてから、すごく心持ちが変わりました。「祈りとして仕事をするなら」というのが、くり返し沁み込んでいるようです。

「祈り」が
「感じる知性」を磨き上げる

先達 外出自粛の最中に、人とはなるべく接触しないようにしながら、いろいろなところへ出かけて、お祈りして過ごしていたよ。昔から疫病が出てくると、それを神様として拝み、鎮まるのを待ったからね。山伏としてそれをやろうと思ってさ。

清乃 疱瘡神（天然痘を擬神化したもの）が代表的ですよね。

先達 そう。病以外にもね、昔から見えないものに困る出来事があると、それを神様としてお祈りするということをやってきたんだ。

山形と秋田にまたがる鳥海山は、昔はよく噴火していたから、「これは祟りだ」と鎮まるように籠って物忌みをして、お祈りをしたんだ。「物忌み」とは一定期間、日常の行為を離れて穢れを遠ざけること。だから、鳥海山の神社は、「鳥海山大物忌神社」っていうんだよ。

これを考えてみるとね、「**自然と人間の関係性**」が浮かびあがってくるよ。家であれば神棚だけれど、**外に出かけた時に俺が祈っていた対象は、迷うことなく滝や川、海、大木、磐座（岩）だったんだ。**そこでお祈りしているとね、意識と無意識の境がなくなるような状態になってくる。勤行では祝詞も般若心経も唱えるけれど、祝詞はちょっと静かな感じ、般若心経は激しくなってくる。穏やかな感じから高揚感に移っていく、この感覚が瞑想状態なんじゃないか、と気づいたんだよね。

そうなるとね、「**俺は今、滝とひとつになっている**」「**俺、木とひとつになっている**」「**磐座のなかにいる**」というような、距離感がなくなっていくような感覚になる。**口から出る音、身体の動き、所作なんかが、「人間は自然の一部」ということを感じさせてくれているんだよ。**

清乃 先達のお滝行の姿について、「滝と一体化している」というお話を以前ましたけれど（一三九ページ）、今回お祈りでそれを感じた、と。

先達 そう、祈りをしていても、滝に入っているのと同じ感覚になったんだよね。**なるほどな、昔の人はそういう体験をしたんだろうな、**と。これは、自粛生活中に大きく気づいたことだね。

もうひとつの大きな気づきを話すとね。滝などの水を祈る時に、瀬織津姫や龍神に祈るんだよ。その時に「龍神祝詞（りゅうじんのりと）」を唱えるんだけどね。そのなかに、「**一切衆生（しゅじょう）の罪穢れ（つみけがれ）の衣を脱ぎさらしめ給（たま）ひて**」という一文があるんだね。「**罪の衣を脱ぐ**」。これが今までは勤行をしていてもなんだか俺にはピンとこなかったんだよね。

だけれども先日、この「罪」について、今まで現代的なとらえ方をしていたんだということに気がついたんだ。つまり「罪」とは「間違い」とか「過ち」だと思っていた。ところがどうも気になったので、音の意味に立ち返ってみたんだよね。言葉のもとは音で、文字はあとにできたものだからさ。

そうしたら、「つ」の意味は「包み込む」、「み」は「源」。要は、**「つみ」とは「源を包み込む」こと**なんだよ。源って、本質とも言えるよね。人間の本質を包み込む、それは素なる自分にかぶせたもの、思い込みや余計な要らない知識や概念など、頭で使うもので覆ってしまっている、ということなんだろう、と。**「素」なるものとは、いつも俺が言う「感じる知性」だよ。**

清乃 まさに、いつも先達がおっしゃっている**「感じたことを考えなさい。考える知性から感じる知性へ」**ですね。

先達 そのとおり、**感じる知性を封じ込めてしまった状態が「つみ（罪）」なんだね。**龍神祝詞から、俺はそのことを発見したんだよ。**「祈り言葉」ってね、唱えているうちに原点を気づかせてくれるんだよ。**

「道」と「祈り」

先達 あとね、籠っているあいだに、テレビで映画を観たんだね。樹木希林の「日日是好日」。俺、樹木希林の大ファンだからさ。あれ観てたらね、**お茶の作法っていうのはあれ、すべて、「祈り」だな**、と。部屋に入る姿から、床の間の飾りから花の状態、茶釜から湯をくむ所作、お茶を受ける所作、飲む所作……これはすべて祈りだと気づいた。

おそらく昔の人たちはね、あえて「祈り」という言い方をしなかったと思うけれど、**朝起きてから寝るまでのあいだの日常のいろいろな所作が、現代人からすると「祈り」に見えてくる**。その原点が茶道にもあるし、「○○**道**」**というものの所作はすべて、祈りに近いよ**。もちろん修験道や仏道、神道はそのものだけど、柔道、合気道、書道、華道……その所作のすべてに祈りが宿っているのではないか。映画を観てたらね、内容よりもそっちのほうが気になっちゃったんだよ。

清乃 一五年くらい茶道を習っているんです。まったくふまじめな生徒で、毎回初心者のように先生に教えていただきながらですけれどね。で、**頭では本当にまった**

く覚えられないんですが、「身体が覚えている」という感覚がすごくあるんです。うまく運ぶ時って、なんだか瞑想っぽいんです。

先達 そう！ そうだよ、そういうことだ。

清乃 うまくいかない時って、なにか別のことを考えていたりします。「あれ、次はなんだったかな」と先の段取りを考えはじめると、手が動かなくなってしまう。だから、とにかく身体の知性を信じて、身体にお任せしていく感じです。

あと、とてもいいなと思っているのが、**季節とともにお道具が変わっていくので、季節と一緒にお茶をしている**こと。年に一度しか出てこないお道具もいくつかあるんです。茶道は修験道と同じで基本的に口伝(くでん)で、お稽古中はメモをとれないから、毎回「はー、これはなんですか？」と先生に教えていただいてしまうんですけれど（笑）。茶道って、ハードルの高いものに感じてしまう方も少なくないんですけれど、私自身は、上手になろうと思ってやっていないんです。楽しくて、気持ちがいいからやっている。

そういえば、茶道の先生に、先達が「茶道は祈りだね」とおっしゃっていた話をしましたら、「映画をご覧になっただけで、そこまでわかってくださるとは」と、とても感激されていました。

先達 国学が出る前の日本はね、「〇〇道」をみんなやっていたんだよ。**それはまさしく、身体で覚えるもので、日本独特だよ。**祈りの所作は、「道」に入っているように俺は思う。

友人の内田樹さんは合気道の道場をやっているけれど、彼も「**合気道は祈りだ**」って言っている。うちの神殿に来れば祈りの場、ということをスッとわかってくれるし、彼の道場に行った時も、ここは祈りの場だと感じたね。

「祈るように働く」ということ
——"Work is worship."

清乃 先日、私たちのトークイベントに出てくださった方が、「神社に行けばなんの疑問もなく手を合わせてお祈りしていたけれど、あらためて『祈り』ってなんだろう、と興味がわきました」と感想をくださったんですね。**「祈りってなんですか？」**と聞かれたら、なんとお答えしますか？

先達 本をね、寝っころがって読んでいたとする。こたつでごろ寝して、とかね。内容を読み進めるうちに、「あれ、こんなかっこうで読んでちゃいけない」という気になってきて、座り直して読む。……って、あるじゃない？

清乃 あります（笑）。

先達 あるだろ、それが「祈り」だよ。本を読んでいる、その所作も祈りのようなものになる。いつしか気づいたら背筋をピンと伸ばして読んでいた……なんてね。そういうことなんだよ。

清乃 すごくわかりやすいですね。

先達 そう。だからね、日常が一番大事なんだよ。**当たり前にしているけれど、当たり前のなかに「なるほど！」という気づきや祈りがあるんだ。**

でも、**多くの人が日々の営みのなかで頭を別のところにおいているからさ。今、目の前にある日常に頭をおかず、地に足がついていないじゃない。**俺は、地に足のついた話しかしていないだろう？

清乃 特別なことを学ばなければできない話は、なさらないですね。

先達 村の婆たちがさ、「星野さん、この村に住んでいて、私は幸せだ」と言ってくれた時に、俺はとても幸せを感じるんだ。そして、「**幸せは日常生活のなかにある**」と教えてもらったんだよ。みんな、先のことを考えようとしちゃうだろう？　**だけれど、生きることは「ライブ」だよ**。生きることは日常、そこにシフトしないと、先々は良い状態にならないよ。

自然、祈り、いのち、日常（ライブ）。俺にとって大事なのはこの四つ。それがあれば十分生きていける。

清乃 するとあらためて、「仕事も祈りだ」と思えると幸せだなと感じます。以前、インド人の友人が、**"Work is worship."**とメッセージをくれたことがあるんです。直訳すれば「仕事は礼拝です」で、つまり「**仕事は祈りです**」ってことなんですよね。読経や勤行のこと、「**お勤め**」って言うじゃないですか。仕事のことも「**お勤め**」って言いますよね。結局、同じことなんじゃないか、と思うんです。仕事を祈りのようにやると感覚が変わるんじゃないかと思っています。

先達 そうだよ！　おまえ、いいところに気づいたね。**仕事が祈り、なんていうのは、まさしく野性の感覚だよ**。

だれもが潜在的に「祈り」の感覚をもっている

先達 そうだ。二〇二〇年の夏に、出羽三山に風力発電の風車を建設する計画が浮上したことがあってね。実は、そのことが「祈り」に関して俺に大きな気づきをもたらしてくれたんだよ。

その計画を聞いた俺は、山伏として、「**祈りの聖地に風車はいらない**」というメッセージを発信したわけ。同時に、反対活動を進めるなかで、風力発電に詳しい大学の先生方がシミュレーション写真をつくってくれて。それをSNSにあげたら、出羽三山に来たことのある人はもちろん、来たことのない人も「祈りの聖地にこれはいらない」と感じてくれて、反対署名に協力してくれた。それはふだん、祈りとは関係のない生活を送っている人たちだよ。けれどもその写真を見て直感的に「これはおかしい」と感じた。**潜在的にみんなが「祈り」をもっているからだよ。**

このことに気づいたのは、最高の収穫だった。

俺は最近ずっと、「どうも現代は、祈りが忘れられてきてしまっていますね」と話していたんだけれど、間違っていた。**みんな、「祈り」を内にもっているんだから、それを表に出せる機会を我々がつくっていけばいい**、ということがわかったんだ。

清乃 日本では、「宗教」という言葉が敬遠されがちですものね。

先達 今の「宗教」という言葉は、明治期の近代化の波で、英語を日本語にする時に生まれたものだと思うね。**それ以前は、「道」だよね。**みんなが反応するのは、昭和以降の新宗教に対してなんじゃないかな。「じねん」「しぜん」のように、外来語を当てはめる時に意味が新しくついてしまったんだろうね。

「自然（じねん）」の感覚を取り戻す

清乃 その、「**自然（じねん・しぜん）**」についてもお聞きしたいんですが、欧米の人は「**自然（しぜん）は人間とは分かれていて、分かれているからコントロールできる**」という発想があり、日本人は「**人間は自然と不可分であり、自然の一部である**」という発想だとはよく言いますよね。

先達 「自然」は草木や海山などのことを指すし、「自然に○○しちゃった」という意味で使う「自ずからそうなる」という意味もあるだろう？　もともと両方の意味で使われていたのが、Natureを和訳した時に「自然」がモノ扱いになっちゃったんだね。「我思うゆえに我あり」と哲学で言われるように、人間がトップですべてを管理する立場、と思うようになったんじゃないかな。

清乃 人間も自然の一部であり、コントロールできないものがたくさんあるという感覚をもっている日本人もいれば、西洋化したことによって、街にいる時に自然はなくて、お山に行くと自然がある、と分断して考えている方もいらっしゃる。つまり、「**私も自然なんだ。そもそも、私のなかに自然がある**」という感覚がもてている方は多くないかもしれません。でも、今の生活ではそれを実感することが難しいので無理はありません。本来であれば、山にいようが街にいようが、私は自然であり自然と一体であるはずなのですが。

先達 お祈りや修行している時に、自然とシンクロするわけだろ。**そういう時が一番、「人間は自然の一部」だと実感するよ。**居ながらの自然、動く自然を修行では体験するだろう。それは、「人は自然だ」ということを昔の人がわかっていたから、そういうものをつくりあげたんじゃないかな。あえてそういう場に身をおいた。

清乃 自分の自然を思い出す、という感覚で?

先達 いや、**人は自然だから、「そういう行をして当たり前だ」という感覚**だろ。

清乃 私の質問の背景には、「人から自然が失われた前提」がありましたね。

先達 そう、昔はちがうんだよ。より一層、自らの自然性を強めるために、斗藪(とそう)や坐禅をやって磨いたんじゃないかな。

あのね、**普遍的なものをとらえる時は、それが流行っていた時の感覚に自らの身をおくといいよ。**茶道もそうだし、能や歌舞伎もそう。今は普遍のものになっているけれど、それが流行りだった時点のところに身をおかないと、本質的なことはわからないよ。現代の感覚で、当時のことはつかめないから。

今、大流行のものも、どんどん淘汰されるけれど、普遍で残るものはなんだろうか?「**100年後残るものは?**」を考えるといいね、先のことを見通す目を養いたいのなら。

Let's! 里山伏修行

朝一番。今日の一日を、どう生きるかを宣言してみよう。
立派なことでなくていい。「笑って楽しく過ごす」でもいい。
その祈りに基づいて生きてみる。
それを続けた時、自分のなかでなにが生まれてくるかを
観察してみよう。
時には、「今日、どんな祈りをもって過ごすか」を
意識してみよう。
あせらず、日々淡々と。
生まれたものはどんなものでも、大歓迎してあげよう。

「There is a crack in everything and that's how the light gets in」
（すべての物にはひびがある。そして、そこから光は入る）

世界は完璧ではありません。
私たちの行動が、生態系を壊すこともある。
自然界、人間界のシステムの構造的な問題に、一緒に取り組むことができる。
それが、私たちがここにいる理由です。
欠陥は、あなたが貢献するための招待状です。

オードリー・タン（唐鳳）
Forbes JAPAN magazine ２０２０年7月27日

その人達は
なぜ気づかなかったのだろう
清浄と汚濁(おだく)こそ
生命だということに

苦しみや悲劇やおろかさは
清浄な世界でもなくなりはしない
それは人間の一部だから……

だからこそ
苦界にあっても
喜びやかがやきも
またあるのに

（中略）

いのちは
闇の中の
またたく光だ!!

宮崎駿（『風の谷のナウシカ』）

さくらの花

さくらの花を食べたい
花の桃色にキスもしたい
私の青春に散りしだいた宇宙にまでも届く香りを
思い出して、涙をこぼしている今、
私のほのかなる恋の道筋に花びらをまき散らして、
私は死をいつか迎えるだろう

そんな日が来たら
私の人生の来し方のすべての愛をもって、命を包んでしまう
その時に決まってさくらの花道が私のすべてを包んでしまうだろう
さくら、さくら、さくら
私の生と死をまさぐってくれる
さくらよ、ありがとう

草間彌生
（わが永遠の魂展　2017　図録より）

出羽三山神社
出羽三山神社
出羽三山神社
出羽三山神社

終章 「山伏」をアップデートせよ

～「感じる知性」と「考える知性」をあわせもつ～

俺はね、それぞれに「新しい時代の山伏」を
表現してほしいと思っているんだ。
「これが山伏だ！」と昔からの
形に固執する人もいるけれど、
それじゃ人は寄りつかないよ。
「私は無理、できない」と思わせるものは、
これからの時代にあわない。
「山伏」とは、苦しい修行をする人のこと
ではなく、「生き方」だよ。
昔の人の魂に近づき、つながっていく。
それによって、生きづらさをなくしていく。
これが、山伏のやっていることだ。
現代は、生きづらさを抱えながら
生きている人がたくさんいるだろう。
その人たちを自由にするためには、
感じたことで動いていける、
お手本になるような大人を

増やしていかないといけない。
同時に、組織のなかでの立ち回りも
うまくやっていける人がいいよ。
「あの人たちは特別だから」という存在に
なってはいけないからね。
みんなね、俺の話を聞くと、その時は
「腑に落ちました！」と言ってくれる。
でも、実際に行動を起こしていない人が多いよ。
それは、意識で抑えてしまっているからだろうね。
無意識からわいてくる、本来の自分に一番
近いエネルギーで行動を起こしてほしい。
この本を読んで、腑に落ちて。
頭でもわかって。
「わかる、わかる」からその先の、
行動を起こしていく人が
一人でも増えたらうれしい。
そういう人が、「これからの山伏」だよ。

「山伏」は「つなぐ人」――半聖半俗として生きていく

先達 この秋、うちの宿坊の庭でボーッとしていた時の話ね。「紅葉がきれいだね」と見ていたわけ。すると、葉がヒラヒラと落ちてはつもる。掃除が大変だ。それを掃き掃除しているとね、気づくんだよ。「葉」、「は」、は……俺にも「歯」はあるな。するとね、昔の人は**「人間も自然だ」という感覚を、こういうことから当たり前に抱いていたんだろう**と気づいたんだよ。掃除中にね。

清乃 なるほど、落ち葉と同じく、我々の歯も、抜け落ちていきますしね。

先達 そうだよ。**「芽」は「眼」、「花」は「鼻」、「実」は「身」。植物も人も同じととらえているから、同じ音で、漢字で意味を分けたんじゃないかな。**これは、葉っぱを掃いていて気づいたこと。本で読んだ知識じゃないよ。

俺は、すべて日常から気づいて、学んでいる。本を読んで知識として知るんじゃなくて、すべて日常のなかからだ。

こうやって、**「道」を生きて、その体験から気づくということを、現代人は徹底してやったほうがいい。**そうやって現状を突破していくといいんじゃないかな。

だって、現実の仕事をしていても、どれだけ勉強しても、変われないんでしょ？　だったら、そこには答えがないってことだよね。もっと根っこのところで気づける状況をつくることが大事なんじゃないかな。

清乃　「仕事に役立つ勉強をしよう」「新しい理論やフレームワークはないかな」とビジネスパーソンは探しますが、それは、仕事のことを「知識」でなんとかしようとしている。もちろん、うまくいくこともありますが、それでも現実がうまくいかないのなら、それが出口ではないですよね。

先達　利便性と合理性がしみついてしまっているからね。これが一番の曲者だよ。世の中みんなそれで走って、流行りものをつくって、人がラクをしようとして。**それが、人間の本質を忘れさせ、ロボット化させていくんだよ。**今、そんな状況にいるということを自覚することがはじまりなんじゃないか？

利便性と合理性でいいのか？　そこをもっと議論していく必要がある。

このままじゃ人間は息苦しいし、生きづらいよ。

組織に属している以上、組織の理屈も大事。計画も必要。そのなかでやっていく大人の配慮が必要だけど、**半聖半俗として生きていく。**これは、まさに「山伏」の生き方だよ。**「聖なる山伏」ではダメだ。現実とちゃんとつながることだよ。**

それが、これからの山伏じゃないかな。

清乃「これからの山伏」ってどんな人ですか?

先達 清乃、おまえみたいなヤツだよ! もともと山伏は「神や仏と人をつなぐ人」だけど、**これからの山伏は、「感じ取る力も大事、考えることも大事」と両方をあわせもった人**。感じたことで結論を出して、そこに向かうために考えて動く、という人がたくさん出てこないと、世の中は変わっていかないよね。

清乃 この本を読んだ方が正式な山伏にならなかったとしても、「感じたことを考える」をアクションしていくことで、「現代の山伏」だと言える、ということですね。

先達 そういうことだね。**自然のなかで気づき、自然のなかから答えを見出せる人たち。それが、これからの山伏。**こういう人が増えてほしいよね。

今こそ、「本来の自分」を取り戻そう

先達 昔はこんなことは、当たり前だったよ。「道」の世界で生きてきた人たちにとってはね、ふつうのこと。けれど、今の人たちは気づけなくなっている。あれこれと言葉で表現しないと気づかない。

清乃 学校教育からですからね、根深いですよね。

先達 染みついちゃってるからね、それを変えるのは大変なことだよ。俺もいろいろなところへイベントに呼ばれて話すけれど、聴いていた人から「また思い出しました」と言われちゃうからね（笑）。**なんべん聴いても、動かなきゃダメだよ。**

清乃 先達が言われる「つみ」のように、社会生活を営む私たちは、多くのものをまとっています。勤め先の看板、組織内の肩書きや役割、経歴。**でもこれは、「本来の自分」ではない**んですよね。

ただ、「本来の自分」に出会うことすら、現代社会ではなかなか難しいものになっている。外界からの期待や常識、次々と表れては消えていく流行に心をうばわれると、どんどん自分を見失う。外側から見ると社会的にとても活躍して充足していそうなビジネスパーソンが、内面では人生の危機に見舞われて、私のもとへご相談にいらっしゃる、というケースは本当にたくさんあります。地位や名誉、充実した仕事、ある程度の収入……さまざまなものを手にしたところで、いつまでたっても幸せを感じられない。本当に自分はこういう人生を生きたかったのか、という問いに悩む人が、少なくないんです。「人生１００年時代」と言われますが、**１００年ずっと、外側の世界が求めるものにあわせてなにかをインプットし続け、「サバイバルするために武装する」という生き方は、なにかちがう気がする**んですよね。**それは果たして、サステナブル（持続可能）なのか**、と。

「キャリアの成功」や「人生の充実」とは、社会的な看板や、もっている財産の多さ、地位の高さなどではなく、**充実感をもって自らの至福を頼りに生きていること**だと私は定義しています。外側の幸せを追い求めることは、一時は楽しいけれども、周囲を見渡せばもっと所有している人はたくさんいて、それを見ればうらやましくなり、自分にもそれが必要なのではないか、もしくはそれを手に入れるチャンスが私にもあるのではないかという飢餓感にも似たあせりがわいてきます。でも、**真の人生の充実、キャリアの成功を決めるのは、ほかならない自分自身。「だれがなんと言おうと私はこの生き方を選ぶんだ、私はこの人生を送りたい**」という魂の叫びにも似たその力強さとともに生きていけるかどうかが、人の幸せを決めるのではないかと思っています。

「動く野性」と「居ながらの野性」

清乃 今回の大きなテーマは「野性の力を取り戻す」ですが、「野性」ってなんでしょうね。

先達 **野性とは、「自然そのもの」**。自然には、二種類ある。植物のように動かないで、**「そこに居ながらの自然」**と、動物のように**「動いている自然」**。山伏修行だと、山で修行して走り回るのと、「床固め（とこがため）」という静かに座る行の両方が入っている。それらすべてが「野性」の表現だよ。

動かずに、太陽と月の力をもらって、静かに「自然」を生きる。それは、人間なら「床固め」とか「坐禅」で表現できる。

走り回るのは、躍動的な「自然」を生きること。

一般的には「動く野性」が先行してしまうけれど、**居ながらにして持ちうる野性も大事だよ**。「居ながらにしてなにかをとらえる」って、魂が強くないとできないことだからさ。動けないと、その目で見に行けないから、「見ればわかる」

ができないだろう？　**「居ながらの野性」を磨くことが、霊性を高めることにつながっているかもしれないね。**

清乃　人間が植物的な野性を発揮してそこに在るということは、見えないものを見る力をもち、高い霊性を保った姿。そして、そんな人間がアクションをしていくのが、動く野性。

先達　そうそう、そうだね。**霊性でピンときたことを、アクションに変えていく。**

清乃　それが、「野性のままに働く」ってことですね。「野性」という言葉には、「粗野で荒々しい」とか「とにかくアクティブ」のイメージがありますが、そうではなくて。

先達　そう、「居ながらにして」と「動く」のと、人間は両方の野性を持ちうる。だから、山伏修行にも、その両方が入っているんだよ。

清乃　そのお話とキャリアの交差点を見つけるのなら、**「野性＝自然そのものの自分」としっかりつながり、自らの至福を探求し、そんな自分に「仕えて」生きていく。**同時に、**「大いなるものに委ねて生きていく」**。一見相反する、それらを両立させながら生きていくのが、「野性のままに働く」姿だと私は仮定しようと思います。「知性のある人」とは、「たくさんの知識をもっている人」ではなくて、自らを生き、そのことで「社会をよりよくするために動ける人」だと思います。ですから、一人ひとりが真の自分とつながり、それを存分に発揮することこそが、本来の「世の中への貢献」につながるんですよね。

私は昔から「使命などない」と思っていて、機会があればそうお伝えしているのですが、そこにもう少し言葉を付け加えるなら、**「使命など自分で見つけるものではない。頭で考えてひねり出すものではない。使命とはそんなサイズのものではないし、『自分には使命があるはずだ』と思っているうちは、決して見つからない」**という意味です。「使命などない」と言うと、ガッカリしたり、悲しそうになさったり、「それでも使命はあると思う（から自分は探す）」というお声もあります。お気持ちもわかりますし、私の考えが唯一絶対の正解ではありませんから、もちろん否定はしません。ただ、多くの方々のキャリアについてお話を聞かせていただくなかで、そして自分の人生を振り返ってみても、やはり、「自分で探して、自分で見つけた使命なんて、使命ではない」と思わざるをえないのです。

「日本語は音が大事」と先達はおっしゃいますが、**「使命」**は**「しめい」**。だから、**望むか望まないかにかかわらず、向こうから「指名」されるもの**です。うつとりと美しく、甘い響きのものでもなく、自分にとって都合のいいものでもなく。**使命とは、望むかどうかにかかわらず、この身を通り道としていくもの。**「考える知性」に固執しているうちは、それがやってくることはないのではないでしょうか。

ところで「自分固有の心」は、地上のあらゆるものが、まったくあらゆるものがもっているのである。あらゆる石、あらゆる草、あらゆる花、あらゆる灌木、あらゆる動物が、ただひたすら「自分固有の心」に従って生長し、生き、行動して、感じているのである。そしてそのためにこそ、世界は、よいものであり、豊かで、美しいものなのである。

……（中略）

ただ二種類だけ、哀れな、呪われた生き物がこの地上にいる。その生き物は、この永遠の呼び声に従うことができず、そして深く、生まれつきそなわっている自分自身の「心」が命じるままに存在し、生長し、生き、そして死ぬことをゆるされていないのである。人間と、人間に飼いならされた家畜だけが、生命と生長の声に従うのではなく、人間によってつくられ、ときおり人間によって壊され、何度も変更される何らかの法律に従うように宣告されている。

ヘルマン・ヘッセ
（『わがままこそ最高の美徳』）

私は湯殿山の渓流の上の崖道から、月山の純白な峯を眺めながら、いささか当惑したのである。

清々しい、山の神秘の中にわけ入って行くという、ロマンティックな情熱は理解できる。それはほとんど生物的な欲求といってもいいだろう。

清い流れが谷底で音をたてている。その響きは激しいが、こころよい。その源に湯がふき出て、流れてくる。清浄な土地、香り高い大気。……私ばかりではない。誰だって感動する。日本の国土はそれほど清々しく、魅惑的だ。

この晴々とした、無理のない、詩的でさえある清純な場所で、何の荒行か。

無目的であるといえば、それまでの話だが。

何かズレてはいないか。

やっぱり、その苛酷な精神、タケダケしい修行のあり方は、大陸の高度な精神主義が入って来てから現われたストイシズム、つまり仏教の影響だとしか思えない。

苦行によって高まるとか、力をかちとるというのは、どうも日本本来のものとは考えられない。この風土の初源的な信仰はそんな精神主義とは無縁で、はるかに平たく、生活的だったろう。

たとえば、何も知らないのに、神のお告げで、人は超自然の力をおびたりするのである。津軽で聞いた話では、カミサマとよばれる目明きの巫女たちは、以前は普通の生活をしていた農家の主婦だ。道ばたで三角の石を拾うと、それがお告げで、不思議な力がそなわり、カミサマになるのだという。沖縄の水無島では、幻に馬のヒヅメの音が聞こえたら、女はカミンチュ（神人）になる。昔話にも、馬鹿みたいなのや、怠け者が、何かのきっかけで神の使になったり、特別の恵みを受ける例は多い。

こんなのんびりした、平たい、超自然、神とのつながりの方が、私には日本本来的に思える。

岡本太郎
（『修験の夜』）

あとがきにかえて

俺の正月は、霞場（かすみば）（檀家さんのようなもの。宿坊ごとに担当地域が決められている）回りからはじまる。

毎年毎年、お馴染みのお宅にうかがい、家族のみなさんと語らい、仏さんを拝む。そのくり返しだ。

俺の宿坊「大聖坊」の霞場は、福島県の相馬地域と双葉地域。福島第一原発の被災地ど真ん中の場所だ。

今年は二〇二一年。東日本大震災からちょうど一〇年になる。でも俺にとったら、まったく終わっていない出来事なんだよ。最後に、その話をしようね。

3・11が起きた日。東北の太平洋側沿岸が大津波に襲われた。

えらいことになった。

さらに福島第一原発の事故が起き、二〇キロ圏内の人は避難せよという通告があった。そこはまさに、「大聖坊」の霞場の人たちが生活する場所だった。

「星野さん、私たち、行くところがないから大聖坊に行っていいか?」

何件も電話があった。三月一七日頃から、相馬、南相馬から四家族・約二〇人が避難してきて、三月いっぱいまで一緒に暮らした。報じられる事態は深刻なものばかりだった。これは長くなりそうだ、と俺は思った。
四月になると、相馬の小高町以外の人は自宅に戻れるようになった。ちょうど鶴岡市が被災者の受け入れをはじめていたので、俺は市にかけあって、戻れない地域の家族がひとまず暮らせるように、市が管理している施設に移れるよう手配した。つい二ヵ月前の正月には、いつものようにお宅めぐりをしていた地域の人たちの生活がね、こんなふうに一変してしまったんだ。
四月中ごろ、宿坊に避難してきた人たちの行き先が決まったので、やっと、相馬と南相馬に出かけることができた。ずっと気になっていたんだ。

すると、ものの見事に、なにもなくなっていた。

そもそも、原発二〇キロ圏内には入れない。かろうじて訪問できるお宅を回った。みんな、「亡くなった人がいるけれど、供養ができていない」と肩を落とした。

その年の五月、うちに出入りしている女性山伏が、「日本がこんな状況になっているなか、山伏としてなにかできないだろうか。先達、般若心経の写経を一万巻、日本や世界から集めて、納経しませんか」と提案してくれた。

俺はそれを聞いて、「納経の場所は、亡くなった人の魂が還る山・月山しかない」と直感した。

早速、その運動を二人ではじめた。

彼女がその活動についてＳＮＳで流すと、これまた神子（みこ）修行に入っていた女山伏仲間で、岩手で印刷会社をやっている人が加わってくれた。「写経、といってもどうすればいいかわからない人もいるだろう」と、俺の住所と名前を印刷した写経用紙を三万部、特別につくってくれた。それを使えばすぐに、俺のところに送れるという寸法だ。あわせて、ＳＮＳでダウンロードできるようにもした。


俺も動いた。

今回、二万人もの方が亡くなっている。生き残った人たちも生活が落ち着かず、供養すらできていない。まずは、亡くなった方々の供養をすべきだ、と。すぐに東日本全体の復興祈願と亡くなった方の供養をできないか、出羽三山神社の宮司にかけあってみた。答えはＮＯだった。神社は神社庁という組織で動いていて、各県で管轄がある。県を越えた「東日本」という供養を、出羽三山でやるのは難しい、というのだ。無理もない。

ならば、神社にも協力を仰ぎつつ、俺がまとめ役となって自分の霞場の相馬でやることにした。

早速、相馬市長にお願いし、相馬の中村神社の横にあるグラウンドをお借りして、火祭りをやることにした。東日本大震災で亡くなった人の供養と、復興祈願をする火祭りだ。

震災から一〇〇日目の、一〇〇日供養とした。

俺が大先達をしてね、出羽三山神社の職員にも出てきてもらって、大聖坊由縁の山伏も三〇人くらい来て、柴灯護摩（さいとうごま）をやったよ。相馬や南相馬の新聞が載せてくれてね、五〇〇人くらいがグラウンドに集まった。

みんな口々に「飛んでいく火の粉が、亡くなった人の魂のようだね」「これでやっと供養ができました」と言ってくれた。

同時進行で、写経のことも少しずつ広まっていった。

とはいえ、お盆の時点で五〇〇〇くらい。まだまだ足りない。

納経の日は一〇月九日と決めていたから、メディアにもとりあげてもらったり、周囲にも引き続き声をかけたりしながら、九月中旬に一万巻が集まった。海外からも四〇〇〇くらいきたかな。最終的に一万三〇〇〇巻を超えたんだ。

「これなら私にもできる」と思って、やってくれた人たちがたくさんいたんだろうね。

納経は、集めたら終わり、ではないんだ。それを一巻一巻勤行する。つまり、一枚ずつ読み上げるんだ。

最初は、羽黒山伏のお寺系の大先達である羽黒山正善院（荒沢寺）の住職が導師になって、一日中勤行をした。彼は俺と同級生なんだよ。なにより、神仏習合でやりたかったからね。俺は神社系だけど、お寺系の人とも一緒にやりたかったんだ。

その後、出羽三山神社の蜂子神社で四日間ぶっとおし、山伏が入れ替わりで般若心経を唱えた。そして残りの一週間は有志の山伏と一緒に大聖坊で勤行した。

納経日前日、一〇月八日の夕方に全部の勤行を終えることができた。

納経するにあたってはね、「経塚（きょうづか）」という経文を埋納する塚が要るんだ。月山に納経したい、と決めていたから、これもやらなきゃいけないよね。

月山は国立公園でもあるから、管轄は環境庁。羽黒には環境庁の事務所があって、当時そこに女性職員が一人いたんだ。彼女に相談をもちかけたんだけど、本局からは「備えつけの石を置いてはいけない」という返事だったそうだ。

そこで彼女は、「お祈りする時だけそこへ運ぶ、ということでどうか」と本局に確認してくれた。すると、「それならいい」という返事がきたそうだ。

「星野さん、この方法でなら進められますけれど、どうですか?」と言ってくれたので、俺は「わかった」と即答した。できる・できないではなく、「どうすればやれるか」を考えて、彼女がそこまでもっていってくれた。だったら、もうあとはこちらがやるよ、ってことだ。

今、思い出しても、賢くて頼もしい職員だったな。

彼女はなにも言ってないよ。俺が察しただけだ。

月山を訪れる人は、ぜひ経塚をまいってほしい。

経塚を立てる場所は決まった。でも、経塚をつくるのにも、ヘリコプターで下から上げるのにも、お金がかかるよね。

そんななか、ありがたいことに俺たちの動きを知った人たちが、協賛金を出してくれたりしたんだよ。一口一〇〇〇円とかね、最終的に六〇万円くらい集まったかな。多くの人の気持ちを、たくさん受け取ったね。


納経の一〇月九日。最高の天気だった。

一万三〇〇〇の写経を背負うのに、有志の山伏が二〇人くらい集まってね。木でつくった墓碑も二本持って、月山へ登った。供養の様子は、テレビも新聞も大きく扱ってくれたね。

3・11が起きてからの七ヵ月間。供養と復興祈願の火祭りと月山納経……これは祈りの原点だ。ただひたすら、俺は「祈り」で走ったんだ。


今年でちょうど、一〇年目。俺は相変わらず、海岸沿いをめぐって勤行をして、霞場の方々のもとへ祈祷をして回っている。

自分で足を運んで感じているのは、あまり本質は変わっていないんだな、ってことだ。まだまだ供養をしないといけないし、本質的な復興もできていない。二〇キロ圏内とそうでないところの間での感情的ないさかいや差別もある。

まだまだ終わっていないんだよ。

二〇二〇年のコロナでも、感染した人に対する差別があったり、感情的ないさかいもある。変わらないね、本当に。

3・11の時のこと、そしてこの本でも語った出羽三山周辺の風力発電の話を聞いた人たちがね、「先達の巻き込み力はすごいですね」と言うことがある。「周囲の人を巻き込んで、大きなことを成し遂げた」と。

俺から言わせるとね、「巻き込んでいく」という発想はないね。道筋の設計、戦略もない。

「祈り」をもとに、俺がひたすら動いたことが、だんだんそうなっていっただけだよ。

「巻き込もう」としたらうまくいかないんじゃない?

だってそれは、自分の都合だから。

俺は、「これをしよう」と思ったら、もう動いているんだよ。計画をつくって動くんじゃなくて、動きながら状況がまとまっていく。

動いて、やってみて、変えて。

だから「人生はライブだ」って言っているんだ。動くなかで想いの一致した人が、一緒に動いていくんだよ。理屈こいている人がいたら、「わかった、今はそれ言っていられないんだ」って、やれる人と一緒に進んでいくだけだよ。


「先達、ブレませんね」って言ってくれる人がいる。

俺は、ふだんゆるやかで曖昧なところはたくさんあるんだけれど、「想い」「祈り」で動く。そこは頑固でブレないんだ。本質的なところはブレない。それさえあれば、曖昧さはいっぱいあっていい。

本質がブレているから、他人の話に影響されちゃうんだろうね。人から「ああだこうだ」と言われてぐらつくのは、本質的なところがブレているんだよ。


ずっと言っているけれど、山伏はね、日常的に、地域や社会のなかでどう立ち回るかが大事なんだ。

それに加えて、「いざ」という時に動く存在でもある。

「いざ」という時になにかができて、本物だよ。究極の場面でなにができるか、だ。

山伏は修行中、いつも危険と隣りあわせだ。一歩足を踏み外したら谷底へ落ちてしまう、という究極の場面を身体で体験しているから、社会のなかでも「いざなにかしなきゃいけない」っていう時に、動きが早いんだろうね。

頭のなかに知識がたくさんあっても、いざという時に一歩踏み出せなかったらなんにもならないんじゃない？

とにかく、一歩踏み出すことだよ。

「ふだん優しいね」よりも、「ここ、という時に優しいね」のほうがいいんじゃない？

ふだんの、平常時の優しさは、言葉をつくればできるんだもの。


さあ、俺たちが向き合っている「今」と「社会」はどうだ？

利便性と効率性で培ってきた社会の豊かさは、はかなくも崩れようとしつつある。

なにかに気づいた人が、たくさんいるでしょう？

それを携えて、動いてみればいいんだよ。

利便性と効率性が揺らいだ。
でも、まだそれがはびころうとしている。
今、そんな節目に立っている。
山伏として、「いざ」という時だ。

「山伏的に社会とかかわる」とはどういうことかを表に出す必要があると感じた今、この本が多くのビジネスパーソンの手に渡ることを祈る。

二〇二一年三月　　　　星野文紘

謝辞

今まさに、本の原稿が私の手を離れ、この世に生まれようとしています。とても不思議な感覚です。

着想を得てから四年。さまざまな出来事を経て、このタイミングでこの一冊がこの世に生を受けることになるのは、まったく計画できないことでした。

今はただただ、この本が一人でも多くの方と出会い、その方のお役に少しでも立つことを祈るばかりです。

なお、この本は、多くの方々のご支援で誕生することができました。この場をお借りして、お礼をお伝えします。

はじめに、本書を手に取ってくださった方々に深く感謝申し上げます。読んでくださる方がいてこそ、この活動は役目を果たすことができます。

加えて、山伏は「口伝」を旨としていますので、いつかどこかでみなさまにお目にかかれるご縁がありますことを、願ってやみません。

次に、本づくりに関わってくださったみなさまに感謝申し上げます。先達とのトークイベント、ともに本の企画を考えるワークショップなどに参加くださった方々と過ごしたことが、先達と私の刺激となり、二人の内側にあるものが「言葉」という形をとって出現することができました。

そして、美しい写真を提供くださったお山仲間の宮部勝之さん・三代史子さん、ありがとうございます。

なにより、私たちの着想に何かを感じ、「本」という形になるまで伴走くださった編集担当の柏原里美さんには、言い表すことのできない感情でいっぱいです。重ねて、偶然にも出羽三山のある山形県のご出身だという営業担当さんとのご縁も、大変嬉しく思っています。

また、直接のご縁はありませんが、全国各地にある美しいお山を大切に守っている方々、修験の伝統を絶やさず今に伝えていらっしゃる先達や行者のみなさまにも、感謝と尊敬の念を抱いています。

最後に、大聖坊由縁の山伏仲間、私がどんな状態にあっても変わらず付き合ってくれる友人たち、いつどんな時でも私を「うけたもう」してくれる夫に、心からのありがとうを伝えます。

読んでくださった方をはじめ、この本につながるすべての方々が野性を生き、末永くお幸せでありますように。

二〇二一年三月　渡辺清乃

参考文献

『体を使って心をおさめる　修験道入門』田中利典　集英社新書
『ネガティブ・ケイパビリティ　答えの出ない事態に耐える力』帚木蓬生　朝日新聞出版
『キャリアデザイン支援ハンドブック』日本キャリアデザイン学会監修　ナカニシヤ出版

【スペシャルサンクス】

原稿モニターにご協力いただいたみなさま（50音順、敬称略）

赤木孝一、大槻レナ、木村利広、佐久間弘祐、サトケン、清水昭、瀧澤有希子、早瀬史朗、増谷真紀、増田泰子、宮本宏美、森川晶、渡辺まゆか、渡部るりこ

“「本の企画、一緒に考えませんか？」会議”に参加いただいたみなさま、ワークショップの告知・運営に協力いただいたみなさま

星野 文紘（ほしの ふみひろ）

羽黒山伏（山伏名：尚文）。1946年山形県出羽三山羽黒山宿坊「大聖坊」に生まれる。1971年「大聖坊」十三代目を継承。2007年には出羽三山の最高の修行である「冬の峰百日行」の松聖を務める。出羽三山神社責任役員理事、NPO法人公益のふるさと創り鶴岡理事。これまで1000人以上の行者を先達しながら、日本各地の山伏復活にも尽力。海外とも交流を重ね、外国人の修行も導いている。また、全国各地で山伏の知恵を活かすべく生き方のトーク活動を「羽黒山伏の辻説法」として展開。著書に『感じるままに生きなさい』（さくら舎）、『答えは自分の感じた中にある』（家の光協会）。

渡辺 清乃（わたなべ きよの）

株式会社ホリスティック・キャリア代表取締役。国家資格キャリアコンサルタント。羽黒山女山伏（神子名：眞苑）。人材領域に20年以上身を置き、2006年からは研修講師・キャリアコンサルタントとしてビジネスパーソンのキャリア支援に関わる。１万人を超える支援を通じて「左脳偏重」の限界に気づき、身体心理学（ソマティック心理学）の実践に着手。マインドフルネスなど身体を通じた発達手法を取り入れつつ、ビジネスパーソンの「生命が躍動する生き方」をサポートしている。2017年に山伏修行と出会い、翌年正式修行に参加。山伏としての活動も始めている。

カバー、口絵写真―宮部 勝之
本文写真―――三代 史子

野性の力を取り戻せ

2021年4月30日　　初版第1刷発行

著　者――星野 文紘、渡辺 清乃

発 行 者――張 士洛
発 行 所――日本能率協会マネジメントセンター
〒103-6009　東京都中央区日本橋 2-7-1 東京日本橋タワー
TEL　03(6362)4339(編集)／03(6362)4558(販売)
FAX　03(3272)8128(編集)／03(3272)8127(販売)
http://www.jmam.co.jp/

装丁、本文デザイン―高橋 明香（おかっぱ製作所）
DTP――――株式会社明昌堂
イラスト―――百万 友輝（百漫画）
印 刷 所―――広研印刷株式会社
製 本 所―――株式会社新寿堂

ISBN 978-4-8207-2897-9　C0034
落丁・乱丁はおとりかえします。
PRINTED IN JAPAN